미래,
다시 꿈꾸다

미래, 다시 꿈꾸다

I dream the future again

❧

안희묵 지음

교회성장연구소

프롤로그

사람들이 길을 잃었습니다. 교회가 길을 잃었습니다. 세상에 희망이 보이지 않습니다. 교회가 희망을 주지 못하고 있습니다. 성도들이 꿈을 꾸지 않습니다. 교회가 꿈을 보여 주지 못합니다. 사람들이 살아가는 삶의 수준은 높아지는데 믿음의 수준은 형편없이 낮아지고 있습니다. 믿음의 말은 많은데 믿음의 능력은 사라지고 있습니다. 사람들은 미래가 보이지 않는다고 한탄합니다. 아름다운 미래를 말하고 위대한 꿈을 보여 줘야 할 교회는 혐오의 대상이 되어 가고 있습니다. 그러나 교회에 모순이 있어 보여도 세상의 희망은 오직 교회뿐입니다.

우리의 미래는 길과 진리와 생명 되신 예수 그리스도께 있습니다. 미래는 복음 안에 있습니다. 따라서 미래를 보려면 다시 복음으로 시작해야 합니다. 미래를 누리려면 복음으로 미래를 말해야 합니다. 미래가 있는 삶을 살려면 복음 안에서 미래를 다시 꿈꿔야 합니다. 믿음은 과거에 있는 것이 아닙니다. 축복은 믿음으로 꿈꾸는 미래에 있습니다. 그래서 믿음으로 미래를 말하고, 믿음으로 미래를 기대하며 기도하고, 믿음으로 미래를 꿈꿔야 합니다. 히브리 기자는 '믿음은 바라는 것들의 실상이요 보이지 않는 것들의 증거'라고 선언합니다.

신앙은 미래지향적입니다. 바울 사도의 말처럼 현재의 고난은 장차 우리에게 나타날 영광과 족히 비교할 수 없기 때문입니다. 그런데도 많은 사람이 과거의 기준을 미래에 적용합니다. 현재 상황으로 미래를 판단하고 있습니다. 이것은 미래를 바라보는 바른 태도가 아닙니다.

오늘날 현대인들은 너무 바쁜 삶을 살고 있습니다. 그러나 속도보다 중요한 것은 방향입니다. 내가 가고 싶은 길이 아니라, 하나님이 가라고 하시는 길을 가야 합니다. 내 생각과 내 판단으로 사는 삶이 아니라, 하나님이 계획하시고 복 주시는 삶을 살아야 합니다. 미래, 다시 꿈꿔야 합니다. 미래, 다시 준비해야 합니다. 그러기 위해서는 말씀을 묵상하고 적용하는 삶이 필요합니다. 믿음은 말에 있지 않고 삶으로 사는 것입니다. 믿음은 일이 아니라, 삶이기 때문입니다.

이 책은 제가 교회에서 성도들과 나눈 '과거에서 내일을 보다'라는 주제로 시리즈 설교를 중심으로 엮은 책입니다. 이 책을 통해 하나님이 복 주시는 미래를 다시 꿈꾸는 사람이 되기를 축복합니다. 말씀 안에서 미래를 꿈꾸며 미래를 준비하는 삶이 되기를 소망합니다.

끝으로 부족한 이 책이 나오도록 격려해 주신 교회성장연구소 김형근 본부장님과 연약함 속에서 강한 그리스도인의 모습을 보여 준 홍지애 팀장님, 최윤선 연구원, 그리고 교회성장연구소 식구들에게 깊은 감사를 드립니다.

꿈의 교회 _ 안희묵 목사

Contents

I dream the future again

1부
다시 생각하라

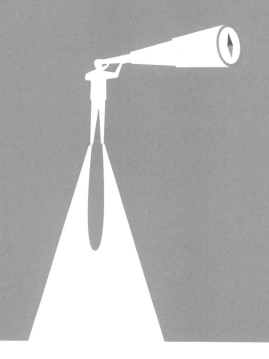

고독의 시간을 지날 때

고독
세상에 홀로 떨어져 있는 듯이 매우 외롭고 쓸쓸함

몇 년 전 선배 목사님의 어머니 소천 소식에 대구로 문상을 가는 길이었습니다. 비가 많이 내려서 조심스럽게 운전을 하고 있었는데, 영업용 택시가 트럭과 부딪쳐 길 가장자리에 서 있는 것을 보았습니다. 레커차와 수습을 위해 서 있는 사람들 사이로 택시 안에 두 사람이 끼어 있는 것이 보였습니다. 차가 심하게 찌그러져서, 안쓰럽고 간절한 마음만으로는 어찌 해 볼 도리가 없는 것 같았습니다. 119 구조대 앰뷸런스가 급한 소리를 내며 사고 현장으로 오고 있었습니다.

대구를 향하는 길 내내 차 안에서 나오지 못하고 고통 중에 끼여 있는 사람이 생각났습니다. '아침에 나올 때만 해도 이런 일이 일어날 거라 상상도 못 했을 텐데…. 그는 무슨 생각을 하고 있을까? 아무것도 도와줄 수 없는 주변의 사람들을 보면서 어떤 마음이 들까?'

도처에 삶의 위험이 있다는 것을, 우리는 당하기 전에는 잘 알지 못합니다. 위험이나 위기 없이 사는 사람은 없습니다. 비 내리는 차도 위에서 찌그러진 차체 안에 갇히지는 않더라도, 충분히 두렵고 갑갑한 시간을 보낼 때가 있습니다. 뜻하지 않은 사고를 당할 수도 있고, 건강의 적신호로 경고를 받기도 하고, 사람과의 관계에서 상처를 입기도 합니다. 모함이나 억울한 일로 가슴을 치기도 하고, 사랑하는 사람을 잃고 상실감에 빠지기도 합니다. 날마다 평안과 기쁨 안에서 살고 싶지만, 때로 원하지 않는 괴로움과 슬픔을 마주하게 되는 것이 인생입니다. 하지만 그때가 믿음의 사람이 될 수 있는 기회임을 아십니까?

믿는 사람에게도 위기는 찾아온다

3년 반 전에 엘리야는 하나님이 명령하신 대로 이스라엘 땅에 비가 오지 않을 것을 선포했습니다. 그리고 요단 앞 그릿 시냇가에 숨어 있으라고 하신 말씀에 순종하여 은밀히 숨어 있었습니다. 하나님의 말씀을 대언했는데, 오히려 도망자처럼 살게 된 것입니다.

이스라엘 땅에는 엘리야의 예언대로 3년 반 동안 비가 내리지 않았습니다. 땅에 비가 내리지 않아 그가 머물던 시내는 말랐고, 엘리야는 또다시 하나님의 말씀을 따라 살림이 넉넉하지 않은 시골 과부를 찾아가야 했습니다. 하지만 자신의 처량한 신세보다 그의 마음을 더욱 무겁게 한 것은 아합 왕이 하나님의 선지자들을 죽이고 있다는 이야기였을 것입니다.

아합 왕은 가뭄으로 인한 이스라엘의 고통이 엘리야 때문이라고 여겨 모든 책임을 엘리야에게 돌렸습니다.

… 아합이 엘리야를 만나러 가다가 엘리야를 볼 때에 아합이 그에게 이르되 이스라엘을 괴롭게 하는 자여 너냐 (열왕기상 18:16-17)

이스라엘의 고통은 우상을 섬기는 아합의 죄 때문이었습니다. 하지만 아합은 회개하며 하나님 앞에 엎드리기보다 엘리야를 탓하며 하나님의 선지자들을 죽였습니다.

자신을 찾으며 선지자들을 마구 죽이고 있다는 아합 왕의 이야기를 들었을 때, 엘리야의 마음이 어땠겠습니까? 엘리야의 가족과 친구들도 엘리야 때문에 많은 고통을 받았을 것입니다. 죽은 선지자들 중에는 엘리야를 원망한 사람도 있었을 것입니다. 일반 백성들 중에도 이 괴롭고 고통스러운 상황에서 숨어 버린 엘리야를 비겁하다고 비난한 사람들이 있었을지 모릅니다. "이 엄청난 일을 저질러 놓고 자신은 숨어 버리다니!", "그런 무책임한 사람이 어디 있나!"

모두가 자신에게 등 돌린 것 같은 외로움, 아합 왕의 손에 죽은 자들로 인한 슬픔, 남아 있는 가족과 친구들에 대한 염려…. 엘리야에게는 매우 힘든 시간이었을 것입니다.

하나님의 기회를 준비하는 시간

우리도 엘리야처럼 힘든 시간을 지날 때가 있습니다. 하지만 그 시간은 고통스럽게 허비하는 시간이 아닙니다. 의미 없이 지나는 시간은 더더욱 아닙니다. 하나님의 계획을 발견하고 믿음의 능력을 준비하는 시간입니다. 엘리야를 보면 알 수 있습니다.

첫째, 하나님은 엘리야가 홀로 있던 고독의 시간을 통해 오직 하나님만을 바라보고 의지하게 하셨고, 하나님의 계획을 발견할 수 있도록 준비시키셨습니다. 둘째, 하나님의 음성을 듣는 훈련을 시키셨습니다. 하나님은 엘리야가 자신의 생각과 소견대로 행하는 것이 아니라 하나님의 말씀을 발견하고 그 어떤 상황에서도 하나님의 뜻에 순종하는 삶을 살도록 겸손을 훈련시키신 것입니다. 셋째, 벼랑 끝 훈련을 시키셨습니다. 하나님이 엘리야를 보내신 과부의 집은 시돈에 있었습니다. 그곳은 아합 왕의 아내인 이세벨의 고향이며 바알을 숭배하는 지역의 한복판이었습니다. 게다가 과부의 집은 먹을 것이 없는 가난한 집이었습니다. 만약 과부가 보상을 바라고 밀고라도 했다면, 엘리야는 참수형을 당했을 것입니다. 한마디로 최악의 상황 가운데 던져진 것입니다.

로렌 커닝햄은 엘리야의 이야기를 인용하면서,『벼랑 끝에 서는 용기』란 책을 집필했습니다. '벼랑 끝에 서는 용기'란, 하나님 외에는 아무런 도움을 받지 못하는 지점에서의 삶을 의미합니다. 바로 엘리야가 처한 상황입니다. 그런데 설상가상으로 과부의 아들이 죽게 되는 황당한 사건이 일어납니다. 엘리야가 얼마나 간절히 기도했겠습니까?

여호와께 부르짖어 이르되 내 하나님 여호와여 주께서 또 내가 우거하는 집 과부에게 재앙을 내리사 그 아들이 죽게 하셨나이까 하고 그 아이 위에 몸을 세 번 펴서 엎드리고 여호와께 부르짖어 이르되 내 하나님 여호와여 원하건대 이 아이의 혼으로 그의 몸에 돌아오게 하옵소서 하니 여호와께서 엘리야의 소리를 들으시므로 그 아이의 혼이 몸으로 돌아오고 살아난지라 (열왕기상 17:20-22)

이러한 훈련은 엘리야를 수백 명의 이방 선지자들과 담대하게 대결할 수 있는 믿음의 사람으로 만들어 주었습니다. 즉, 이 시간은 엘리야를 하나님의 기대를 감당하는 큰사람으로 만드시려는 하나님의 훈련이었던 것입니다.

제 아들이 태어나 막 걸음마를 시작했을 때, 넘어질 듯 넘어질 듯 계단을 올라가는 아이의 모습이 참 안쓰러웠습니다. 몇 걸음 떼기가 무섭게 엉덩방아를 찧고 무릎을 꿇을 때마다 제 가슴도 같이 내려앉았습니다. 마음 같아서는 아이를 번쩍 들어 성큼성큼 올라가고 싶었습니다. 그랬으면 아이도, 저도 그 순간은 편했을지 모릅니다. 그러나 1년 후, 2년 후, 10년 후가 지나도록 아이를 돕는다는 생각에 계단을 오르는 아이를 번쩍 들어 옮겼다면 아이는 십대가 되어서도 계단을 오르지 못하는 비정상적인 아이가 됐을 것입니다. 저는 아이가 자신의 다리로 힘차게 계단을 오르게 되기를 바라며 아이의 걸음에 맞춰 천천히 걸었고, 때로는 제 손을 숨겼으며, 아이 뒤에서 조용히 따라갔습니다.

하나님의 마음도 이와 같습니다. 하나님은 자녀 된 우리를 번쩍 들어 힘든 시간을 벗어나게 하실 수 있습니다. 하지만 그렇게 하지 않으십니다. 우리가 더욱 자라기를 바라시기 때문입니다. 그래서 가끔 하나님은 얼굴을 숨기며 잠잠히 기다리십니다. 우리는 주변의 그 누구도 나를 옹호하지 않고, 하나님마저 도움의 손길을 거두시는 그 고독한 시간에 걸음마를 배웁니다. 그리고 그렇게 시작한 걸음마로 평지를 걷고 계단을 오르며 뜀박질을 할 수 있게 됩니다. 다리에 힘이 생겨 믿음의 보폭이 커지는 것입니다.

좁은 길의 축복

우리 앞에는 많은 고난과 어려움이 있습니다. 우리가 감당해야 할 큰일들이 있습니다. 모두가 피해가고 싶고 돌아가기를 원합니다. 하지만 하나님의 자녀가 당하는 고난과 시련은 복으로 이끄는 불친절한 안내자임을 기억하십시오. 하나님은 우리를 험하고 궂은 길로 인도하시지만, 모든 길을 헤쳐 나오면 결국 그 길이 지름길이었음을 알게 됩니다. 통로가 좁으면 좁을수록, 안내자가 퉁명스러우면 퉁명스러울수록 그 후에 찾아오는 기름 부으심과 복은 더 큽니다.

> 다만 이뿐 아니라 우리가 환난 중에도 즐거워하나니 이는 환난은 인내를, 인내는 연단을, 연단은 소망을 이루는 줄 앎이로다 (로마서 5:3-4)

특히 오늘날 그리스도인으로 산다는 것은 갈등과 괴로움의 연속입니다. 그래서 하나님은 더욱 우리를 좁은 길, 힘든 시간에서 훈련시키십니다. 우리가 하나님의 기대를 감당하는 믿음의 사람이 되기를 바라시기 때문입니다. 세상 속에서 하나님의 뜻을 이루는 하나님의 사람이 되기를 원하시기 때문입니다. 그러니 고독의 시간을 만날 때 실망하거나 낙심하지 마십시오. 포기하거나 세상과 타협하지 마십시오. 환난 중에도 하나님이 주시는 소망을 바라보며 하나님의 훈련에 들어온 것을 즐거워하십시오.

믿음의 생각과 믿음의 기도가 능력을 일으킵니다. 그리고 믿음의 생각과 믿음의 기도가 진정 빛을 발하는 때는 고독의 시간을 지날 때입니다.

미래를 꿈꾸는 나에게

1. 고독의 시간을 보낸 적이 있습니까? 그때 나를 지탱해 준 것은 무엇입니까?

2. 하나님만을 바라보고 의지하는 삶을 살고 있습니까?

3. 앞으로 만나게 될 고독의 시간을 믿음으로 지나기 위해서 준비해야 할 것은 무엇입니까?

하나님의 자녀가 당하는 고난과 시련은 복으로 이끄는 불친절한 안내자입니다. 하나님은 우리를 험하고 궂은 길로 인도하시지만, 모든 길을 헤쳐 나오면 결국 그 길이 지름길이었음을 알게 됩니다.

멀리보기 연습

시선
1. 눈이 가는 길, 또는 눈의 방향
2. 주의 또는 관심을 비유적으로 이르는 말

일일 영성 집회를 위해 대전에 있는 한 교회로 향하는 길에 있었던 일입니다. 공주 백제대교를 건너기 전 터널을 지나자마자 비상등을 켜고 역주행하고 있는 차를 보고는 급브레이크를 밟았습니다. 다행히 앞을 멀리 보고 운전하고 있었기 때문에 사고를 피할 수 있었습니다. 어떤 연유인지는 모르겠지만, 그 트럭은 백제대교를 건너 터널 가까이까지 역주행으로 왔다가 후진하고 있었습니다. 만일 제가 멀리 보며 운전하지 않았더라면 큰 사고가 날 뻔했습니다.

안전 운전의 비결은 멀리 보는 것입니다. 바로 앞만 보고 운전하면 갑작스러운 돌발 상황에 신속하게 대응하지 못합니다. 운전뿐만이 아닙니다. 예상하지 못한 일과 갑자기 닥친 고난 앞에서 인생의 사고를 당하지 않으려면 멀리볼 줄 알아야 합니다.

미국의 9·11 테러 사태 때 많은 사람은 미국이 곧 망할 거라고 생각했습니다. 금융시장은 폭락했고 주가는 곤두박질쳤습니다. 그러나 남들이 공포에 떨던 그때를 성공의 기회로 삼은 사람들이 있습니다. 그들은 바로 앞이 아닌 멀리 내다볼 줄 알았기에 담대하게 투자를 했고, 위기를 기회로 삼았습니다.

당장의 현실만 보는 사람은 상황에 따라 이리저리 쉽게 흔들립니다. 하지만 최소한 5년을 내다보고 산다면 흔들리지 않습니다. 10년을 생각하는 사람은 더 큰 여유를 갖게 될 것입니다. 신앙생활도 마찬가지입니다. 신앙생활을 잘하려면 멀리보기 연습을 해야 합니다. 우리는 이 땅에서의 삶이 전부가 아닌, 영생을 목표로 사는 사람들이기 때문입니다.

하나님에 대한 확신

살다 보면 믿음과 섬김의 삶이 흔들리는 상황에 직면하게 됩니다. 물론 처음부터 흔들리는 것은 아닐 수 있습니다. 어려운 일을 만났을 때 처음에는 말씀을 붙들고, 주변 사람들에게 기도를 부탁하고, 새벽이나 늦은 밤 교회를 찾아 무릎을 꿇을 것입니다. 하지만 그럼에도 불구하고 문제는 좀처럼 해결되지 않고 고난이 지속되면, 점점 의심이 생기고 불안해집니다. 감사와 기쁨, 평안은 사라지고 조급한 마음에 하나님을 향한 원망과 불만이 슬며시 고개를 듭니다. 이럴 때 필요한 것이 바로 멀리 보는 눈입니다.

시편 62편은 모든 도움이 사라진 애절한 상황에서 다윗이 드린 찬양시입니다. 그는 자신을 '넘어지는 담과 흔들리는 울타리' 같다고 이야기합니다. 얼마나 힘들고 괴로우면 이렇게 표현했겠습니까?

넘어지는 담과 흔들리는 울타리 같이 사람을 죽이려고 너희가 일제히 공격하기를

언제까지 하려느냐 그들이 그를 그의 높은 자리에서 떨어뜨리기만 꾀하고 거짓을

즐겨 하니 입으로는 축복이요 속으로는 저주로다 (시편 62:3-4)

하지만 그는 그러한 상황에서도 '곧 무너질 것 같은' 자신의 연약한 모습에

시선을 고정하지 않았습니다. 자신을 끝없이 괴롭히는 눈앞의 현실에 초점을

맞추지 않았습니다. 절망적인 상황에 따른 부정적인 감정에 집중하지 않았습

니다. 대신 온 우주만물을 만드신 하나님을 바라보며 그 하나님의 성품을 다

시 한 번 확인합니다.

오직 그만이 나의 반석이시요 나의 구원이시요 나의 요새이시니 내가 흔들리지

아니하리로다 나의 구원과 영광이 하나님께 있음이여 내 힘의 반석과 피난처도

하나님께 있도다 (시편 62:6-7)

다윗에게 하나님은 유일한 반석이고 구원이며 요새셨습니다. 하나님 안에

있을 때에만 자신이 온전히 안전할 수 있다는 것을 그는 알고 있었습니다. 그

래서 그는 하나님께 시선을 고정하기로 결정했습니다. 눈앞의 현실이 아닌 하

나님을 바라보았기에, 그는 괴로운 현실 속에서도 "내가 크게 흔들리지 않는

다."라고 고백할 수 있었던 것입니다.

눈앞의 현실이 전부라면 괴롭고 고통스러운 상황 가운데에서 기뻐할 수 있

는 사람은 없을 것입니다. 하지만 이 땅의 것들은 그것이 슬픔이든, 기쁨이든,

풍요든, 빈곤이든 영원한 것이 아닙니다. 따라서 우리의 소망이 될 수 없습니

다. 우리의 모든 소망은 오직 하나님으로부터 나옵니다.

하나님을 향한 충성

멀리 보면, 우리가 이 땅에서 진정으로 노력해야 하는 것이 무엇인지 깨닫게 됩니다. 그것은 바로 영원한 생명을 약속하신 하나님을 섬기며 하나님께 충성하는 것입니다. 나를 위해 사는 것이 아니라, 하나님의 영광을 위해 살아가는 것입니다.

아, 슬프도다 사람은 입김이며 인생도 속임수이니 저울에 달면 그들은 입김보다 가벼우리로다 포악을 의지하지 말며 탈취한 것으로 허망하여지지 말며 재물이 늘어도 거기에 마음을 두지 말지어다 하나님이 한두 번 하신 말씀을 내가 들었나니 권능은 하나님께 속하였다 하셨도다 (시편 62:9-11)

억압하는 힘을 의지하고, 빼앗아서라도 내 것을 삼으려는 헛된 욕망을 품고, 늘어나는 재물에 마음을 두는 것은 입김보다도 가벼운 우리의 존재를 망각한 매우 어리석은 일입니다. 아무리 발버둥 치며 욕심을 채우기 위해 노력해도 그것들은 모두 물거품처럼 사라질 수 있는 허무하고 헛된 일입니다. 하지만 영원을 향해 시선을 돌리지 않으면, 즉 멀리 보지 않으면 이러한 허무와 헛됨을 깨닫지 못합니다.

가장 행복한 사람은 주님을 섬기며 사는 사람입니다. 진정한 행복은 하나님을 섬기는 삶을 통해 주어지기 때문입니다. 물론 열심히 하나님을 섬긴다고 해도 때로는 나의 섬김을 아무도 알아주지 않아 섭섭할 수 있습니다. 도리어 오해와 비난을 받아 그만두고 싶을 수도 있습니다. 하지만 분명한 것은 하나님은 우리의 섬김을 결코 잊지 않으신다는 사실입니다. 당장의 보상이

나 사람의 인정이 없어도 세상의 주인이신 하나님께 기억되는 삶이라면, 가치 있고 복된 삶이 아니겠습니까? 멀리 보면 무엇이 더 큰 의미가 있는지 알게 됩니다.

시선을 두어야 할 곳

하나님은 우리를 하나님을 바라보는 존재로 지으셨습니다. 그것이 하나님이 창조하신 우리의 원래 모습입니다. 하지만 사탄은 우리의 눈을 가려 바로 앞의 현실만을 바라보게 합니다. 자신의 문제와 연약함을 바라보게 하고, 반복되는 어려움을 바라보게 합니다. 영원하지 않은 부와 명예를 바라보게 하고, 육신의 안녕을 바라보게 합니다. 진짜 보아야 할 하나님의 복과 약속은 보지 못하고, 보지 말아야 할 이 땅의 것에 시선을 향하도록 만드는 것입니다.

하지만 이렇게 되면, 허망한 인간사에 연연하여 삶의 진정한 가치와 참된 소망을 놓칠 수 있습니다. 사사로운 욕심에 이끌려 죄를 짓거나, 거짓된 방법으로 부를 이룬 사람들을 부러워할 수 있습니다. 자족의 복을 누리지 못하고 선택의 순간에 그릇된 결정을 내릴 수 있습니다. 그리고 무엇보다도 나를 향한 하나님의 본심을 오해하거나 하나님의 뜻을 놓칠 수 있습니다. 눈앞의 현실에 주눅 들고 위축되어 하나님의 자녀로서의 복을 누리지 못하는 것입니다.

하나님이 창조하신 우리의 원래 모습대로 회복되기를 원한다면, 시선을 바꾸어야 합니다. 내 시선이 머무는 곳이 아니라 하나님이 보라고 하시는 곳을 바라보아야 합니다. 당장 내게 영향을 미치는 것 같은 지금의 현실이 아니라 더 멀리 더 깊이 더 위로 눈을 돌려야 합니다. 시선이 바뀌면 생각이 바뀌고, 생각이 바뀌면 삶이 바뀝니다.

우리가 바라보아야 하는 곳은 예수 그리스도입니다. 우리가 예수님께 시선을 고정할 때 나를 향한 하나님의 놀라운 계획과 위대한 복은 현실이 될 것입니다. 지금 내 시선이 머무는 곳이 내일 나의 현재가 된다는 것을 기억해야 합니다.

우리는 천국에서 하나님의 영광에 함께 참여할 존귀한 존재입니다. 이자율 몇 푼에 흥분하지 맙시다. 버티기 어렵더라도 조금 멀리 내다봅시다. 하나님 나라 관점에서 생각해 보면, 지금 우리가 겪는 어려움은 아름다운 추억이 될 것입니다. 위험한 현실만 생각하지 말고 위대한 미래를 생각하며 새롭게 힘을 냅시다. 우리가 시선을 두어야 할 곳은 바로 '예수 그리스도'입니다.

미래를 꿈꾸는 나에게

1. 요즘 나의 시선을 가장 많이 빼앗는 것은 무엇입니까? 그것을 바라보는 것이 나의 신앙
   생활에 어떤 영향을 미칩니까?

2. 멀리 보는 것을 방해하는 것이 있습니까?

3. 예수 그리스도에 시선을 고정하기 위해 바뀌어야 할 습관이나 태도가 있습니까?
   변화를 위해 노력할 것을 다짐해 봅시다.

하나님이 창조하신 모습대로 회복되기를 원한다면, 시선을 바꾸어야 합니다. 내 시선이 머무
는 곳이 아니라 하나님이 보라고 하시는 곳을 바라보아야 합니다. 시선이 바뀌면 생각이 바뀌
고, 생각이 바뀌면 삶이 바뀝니다.

안전한 믿음이란 없다

안전한
위험이 생기거나 사고가 날 염려가 없는

6·25 전쟁이 일어난 지 70년 가까이 되었습니다. 많은 세월이 흐르는 동안 젊은 사람들에게는 잊힌 전쟁이 되었지만, 70세가 넘은 분들에게는 여전히 아프게 자리 잡은 기억이고, 이 나라 곳곳에는 아직 아물지 않은 전쟁으로 인한 상처가 있습니다. 저도 외삼촌 두 분이 전쟁 중에 돌아가셨습니다. 생전에 외삼촌들을 추억하며 눈물을 흘리시던 외할머니가 생각납니다. 지금 우리나라는 전쟁 중에 있는 휴전국가입니다. 휴전이 너무 오래 지속되다 보니 전쟁 중이라는 사실을 잊고 무감각해졌을 뿐입니다.

얼마 전 뜻있는 기독교 지도자들이 모여 통일 후 북한 선교에 대해 함께 논의한 적이 있습니다. 전문가들은 오래지 않아 북한 정권은 무너질 것이라고 예견하지만, 그 시기는 오직 하나님만이 아십니다. 한 가지 분명한 것은, 다시는 전쟁이 있어서는 안 된다는 것입니다. 또다시 그 처절한 아픔을 겪어서는 안 됩니다. 그리고 그보다 더 중요한 것은 혹시 전쟁이 일어난다고 해도 승리할 수 있도록 미리 준비하고, 대비하는 것입니다.

우리는 종종 '사는 게 전쟁 같다'는 말을 합니다. 얼마나 힘들면 사는 것을 전쟁에 비유하겠습니까? 입시전쟁, 취업전쟁, 승진전쟁, 육아전쟁…. 게다가 근래에는 듣지도 보지도 못했던 각종 질병들 때문에 또 다른 종류의 전쟁을 치르기도 합니다.

그런데 진짜 무서운 전쟁은 따로 있습니다. 영적 전쟁입니다. 눈에 보이지 않아서 쉽게 인식하지 못하기 때문에 무섭고, 우리의 약점이 집요하게 공격당하기 때문에 더욱 무서운 전쟁입니다.

불가능한 일

이스라엘은 전쟁을 참 많이 한 나라입니다. 오죽하면 이스라엘 사람들의 인사가 '샬롬평안'이겠습니까? 이스라엘 백성들은 하나님이 약속하신 땅을 얻기 위해 전쟁을 했습니다. 때로는 이스라엘이 회개하도록 하기 위해 하나님은 이스라엘에게 전쟁을 허락하셨습니다. 열왕기하 6장은 이스라엘과 아람 사이의 전쟁 이야기를 다루고 있습니다.

아람 왕은 온 군대를 모아 올라와서 사마리아 성을 둘러쌌습니다. 과거에는 성이 포위당하면 식량과 물의 공급이 차단되기 때문에 극심한 기근과 굶주림이 찾아옵니다. 사마리아 성도 마찬가지였습니다.

아람 사람이 사마리아를 에워싸므로 성중이 크게 주려서 나귀 머리 하나에 은 팔
십 세겔이요 비둘기 똥 사분의 일 갑에 은 다섯 세겔이라 하니 (열왕기하 6:25)

당시 은 1세겔은 노동자 한 명이 4일간 일해서 버는 돈이었습니다. 오늘날의 가치로 환산하면 약 60만 원 정도 됩니다. 즉, 부정한 것으로 취급되어 먹을 수 없는 동물이었던 나귀 머리 하나가 4,800만 원이나 된다는 것입니다. 또한 먹지도 못하는 비둘기 똥 1/4갑약 0.3L이 400만 원에 거래되고 있었습니다. 성 안에 먹을 것이 다 떨어졌기 때문입니다. 그뿐만이 아닙니다.

> 또 이르되 무슨 일이냐 하니 여인이 대답하되 이 여인이 내게 이르기를 네 아들을
> 내놓아라 우리가 오늘 먹고 내일은 내 아들을 먹자 하매 (열왕기하 6:28)

오죽 먹을 것이 없으면 서로의 자녀를 잡아먹자고 이야기할 정도겠습니까? 이스라엘 사람들은 지금껏 경험하지 못한, 상상조차 할 수 없었던 최악의 상황을 만난 것입니다. 사마리아 성에 있던 사람들이 이처럼 고통당하고 있을 때, 엘리사 선지자는 다음과 같이 예언합니다.

> … 여호와께서 이르시되 내일 이맘때에 사마리아 성문에서 고운 밀가루 한 스아
> 를 한 세겔로 매매하고 보리 두 스아를 한 세겔로 매매하리라 하셨느니라 (열왕기
> 하 7:1)

단 하루 만에 밀가루 7.3L가 60만 원으로 떨어지게 된다는 이야기입니다. 적군이 아직 성을 포위하고 있고, 상황은 아무것도 바뀌지 않았는데 어떻게 문제가 해결된다는 것일까요? 한마디로 이것은 전혀 이해할 수 없는 예언이었습니다.

… 한 장관이 하나님의 사람에게 대답하여 이르되 여호와께서 하늘에 창을 내신들 어찌 이런 일이 있으리요 하더라 엘리사가 이르되 네가 네 눈으로 보리라 그러나 그것을 먹지는 못하리라 하니라 (열왕기하 7:2)

엘리사의 예언에 왕을 섬기던 한 장관은 '어떻게 그런 일이 일어나겠냐'며 믿지 않았습니다. 그는 엘리사의 말이 황당하다고 여겼을 것입니다. 어쩌면 이것은 보통 사람들이 갖는 일반적인 반응일 것입니다. 솔직히 저 같아도 그런 상황에서 믿음이 생기기는 쉽지 않을 것 같습니다.

위험과 불편과 불가능을 품은 믿음

장관은 믿지 못했지만, 엘리사의 예언은 실현됐습니다. 이스라엘 백성의 힘으로는 아무것도 할 수 없는 상황에서 하나님은 하나님의 방법으로 아람 군대를 퇴각시키셨습니다. 그리고 그 일은 엘리사가 예언한 대로 하루 만에 이루어졌습니다.

이는 주께서 아람 군대로 병거 소리와 말 소리와 큰 군대의 소리를 듣게 하셨으므로 아람 사람이 서로 말하기를 이스라엘 왕이 우리를 치려 하여 헷 사람의 왕들과 애굽 왕들에게 값을 주고 그들을 우리에게 오게 하였다 하고 해질 무렵에 일어나서 도망하되 그 장막과 말과 나귀를 버리고 진영을 그대로 두고 목숨을 위하여 도망하였음이라 (열왕기하 7:6-7)

하나님께서 한밤중에 말과 마차 소리를 들리게 하자, 아람 군대는 이스라엘을 돕는 애굽 군대와 헷 사람의 군대가 지원군으로 온 줄 알고 혼비백산하여 썰물처럼 다 도망가 버렸습니다. 전쟁은 이렇게 그 누구도 상상하지 못한 방법으로 끝이 났습니다.

믿음이란 원래 위험과 불편과 불가능을 품고 있습니다. 믿을 만하고, 그럴 듯한 것을 믿는 것은 누구나 할 수 있습니다. 도저히 이루어질 수 없을 것 같고, 사람의 생각으로는 방법이 없는 것 같지만, 하나님이 '그렇다'라고 하시면 '아멘'으로 대답하며 신뢰하는 것이 바로 믿음입니다.

세상에 안전하고, 평안한 믿음은 없습니다. 우리에게 필요한 건 위험과 불편과 불가능을 품은 믿음입니다. 우리에게는 이 믿음이 필요합니다. 환경은 답답하고, 일은 풀리지 않고, 매일의 삶은 고단하기 때문입니다. 불안하고 두렵기 때문에 믿음으로 기도해야 하는 것입니다. 만일 모든 것이 내 맘대로 되고, 근심거리가 하나도 없다면 사람들은 믿음의 진정한 가치를 알 수 없을 것입니다.

불안한 상황에서 하나님에 대한 믿음을 갖지 못했던 장관은 하나님이 베푸시는 은혜의 수혜자가 되지 못했습니다. "네가 보겠지만 먹지는 못할 것"이라는 엘리사의 말대로 그는 성문에서 백성들에게 밟혀 죽게 됩니다. 모두가 환호하는 축복의 순간에 비극적인 주인공이 된 것입니다. 전쟁은 끝났지만, 그는 승리를 누릴 수 없었습니다.

영적 전쟁에서 이기는 길은 믿음뿐이다

그리스도인의 일상은 영적 전쟁의 한복판에 놓여 있습니다. 보이지 않는 적, 사탄은 우는 사자처럼 믿는 자들을 삼키고 넘어뜨리려고 끊임없이 공격합니다. 그 공격은 매우 교묘하게 시작되고 진행되기 때문에 전쟁이 시작된다는 것을 쉽게 인지하지 못할 때가 많습니다. 그래서 더욱 정신을 차리고 깨어 있어야 합니다. 또한 사람의 생각이나 힘으로 대응할 수 없는 것이기 때문에 우리는 이 싸움의 정체를 분명히 알고 전략을 세워야 합니다.

우리의 씨름은 혈과 육을 상대하는 것이 아니요 통치자들과 권세들과 이 어둠의
세상 주관자들과 하늘에 있는 악의 영들을 상대함이라 (에베소서 6:12)

그런데 안타깝게도 많은 사람들이 승리를 앞둔 전쟁의 끝에서 포기해 버립니다. 끝내 불안과 두려움을 이기지 못하기 때문입니다. 물론 끝까지 믿음을 붙드는 삶에서 일어나는 영적 전쟁은 치열합니다. 그 과정은 자식을 잡아먹자는 말이 나올 만큼 비참하고 참담할 수 있습니다. 또한 먹을 수도 없는 나귀 머리와 비둘기 똥이 상식을 넘어서는 가격에 판매될 만큼 우리를 무기력하게 만들 수도 있습니다. 하지만 그런 순간에도 믿음만이 이 전쟁을 승리로 이끈다는 사실을 기억해야 합니다. 감정에 지지 말고, 환경에 지지 말고 믿음으로 이겨내야 합니다.

아직까지 이런 치열한 싸움을 경험해 보지 않았다면, 그 사람은 지금 휴전 중입니다. 그러나 휴전 중에도 영적 전쟁을 위한 대비를 소홀히 해서는 안 됩니다. 끝까지 포기하지 않고 믿음을 지켜낼 수 있도록 영적인 실력을 더 강하게 길러 놓아야 합니다.

적이 보이지 않는 싸움이라고 만만하게 생각하거나 반대로 너무 두려워하지 마시기 바랍니다. 위험과 불편과 불가능을 품은 믿음을 끝까지 붙드십시

오. 믿음은 영적 전쟁에서 적을 무력화시키는 영적 미사일과 탱크가 되어 줄 것입니다. 믿음으로 준비한 사람에게는 영적인 승리가 보장되어 있습니다.

미래를 꿈꾸는 나에게

1. 지금껏 가장 격렬히 싸운 전쟁은 무엇입니까? 그 전쟁의 경험이 내게 준 깨달음은 무엇입니까?

2. 자주 공격당하는 약점이 있습니까? 그 부분이 강해지기 위해 어떤 노력을 하고 있습니까?

3. 지금 전쟁 중에 있다면, 승리를 위한 전략을 세워 봅시다(휴전 중이라면 영적 체력단련을 위한 계획을 세워 봅시다).

세상에 안전하고, 평안한 믿음은 없습니다. 우리에게 필요한 건 위험과 불편과 불가능을 품은 믿음입니다. 믿음은 영적 전쟁에서 적을 무력화시키는 영적 미사일과 탱크가 되어 줄 것입니다. 믿음으로 준비한 사람에게는 영적인 승리가 보장되어 있습니다.

축복의 결말을 기대하라

결말
어떤 일이 마무리되는 끝

가을이 오면, 여기저기에 단풍이 아름답게 물듭니다. 단풍은 우리에게 근사한 아름다움을 선사해 주지만 단풍잎은 죽어가면서 사람들에게 아름다움을 선사해 주고 있는 것입니다. 진정한 아름다움이란 이런 희생과 아픔을 통해 나타나게 된다는 것을 배웁니다. 사람들은 한여름의 무성한 푸른 잎들보다는 자신을 빨갛게 불태우며 말없이 사라져 가는 단풍잎을 통해 아름다움을 보게 됩니다.

나무가 자신의 살처럼 소중하게 여겼던 나뭇잎들을 단풍으로 떨쳐 내는 과정은 우리에게 삶을 바라보는 새로운 눈을 띄워 줍니다. 무성했던 나뭇잎을 단풍으로 떨궈 내는 나무는 죽음을 재촉하는 것이 아닙니다. 그것은 내년 봄의 새로운 부활을 준비하는 과정입니다. 차가운 겨울에 나뭇잎이 그대로 달려 있다면, 나무는 얼어 죽게 됩니다. 나무는 모진 겨울바람을 견뎌내고 다음 해

봄을 맞기 위해 가을에 미리 준비하는 것입니다.

그리스도인들이 경험하는 삶의 고난과 아픔도 마찬가지입니다. 그것은 곧 다가올 새로운 봄을 기다리며 겨울을 나기 위한 과정입니다. 갈수록 사는 것이 고단하지만, 특히 세상 속에서 그리스도인으로 살기란 쉽지 않지만, 낙심하지 마십시오. 단풍으로 떨어지는 나뭇잎을 두려워하지 마십시오. 그것은 내년에 더 아름다운 열매를 맺기 위해서 겨울을 준비하는 과정일 뿐입니다. 우리는 떨어지는 단풍잎이 아니라 단풍나무입니다.

믿음으로 산다는 건

얼마 전, 성도님 한 분에게 이메일을 받았습니다. 갓 태어난 아이가 중환자실에 입원한 것을 포함해 여러 가지 힘들고 어려운 상황이 연달아 일어나고 있다는 내용이었습니다. 기도를 부탁하는 메일은 이렇게 끝이 납니다.

"평안하던 가정에 갑자기 이런 일이 벌어지는 것을 보고는 만약 사탄이 우리를 향해 도전하는 것이라면 '상대를 잘못 고른 거다'라는 생각이 들었습니다. 왜냐하면 멋지게 맞짱 한 판 떠 줄 생각이거든요. 물론 전쟁은 하나님께 속한 것이니 저는 폼만 잡고 승리의 열매만 가져올 거지만요."

믿음으로 산다는 건, 승리하실 하나님을 상상하는 것입니다. 합력하여 선을 이루실 하나님을 기대하는 것입니다.

교회 안에는 두 종류의 그리스도인이 있습니다. 하나는, 부족한 것과 부정적인 면만 현미경처럼 들여다보며 낙심하고 불평하고 비판하는 사람입니다. 이런 사람에게는 늘 한숨과 걱정이 있습니다. 그런데 힘들고 어려워도 소망 중에 항상 긍정적인 생각을 품고 헌신하며 살아가는 망원경형 사람이 있습니다. 이런 사람은 문제를 만나도 크게 흔들리지 않습니다.

몇 년 전 조선일보에서 조사한 결과에 의하면, 한국의 40대 중 76.6%가 희망을 갖고 있지 않다고 대답했다고 합니다. 다른 연령대도 69%가 희망 없이 산다고 대답했습니다. 수년이 지난 지금, 우리의 대답은 달라졌을까요? 우리가 마주하는 현실은 희망을 품거나 기대하기 어려운 환경일 수 있습니다. 하지만 그것이 우리가 희망을 꿈꿀 수 없는 이유가 될 수는 없습니다.

지금 우리가 살고 있는 시대는 웃음이 사라진 시대입니다. 개인의 삶도 팍팍하고, 사회가 돌아가는 모습을 봐도 울고 싶을 뿐입니다. 하지만 우리에게는 세상 사람들이 소유하지 못한 믿음과 소망이 있습니다. 하나님의 아들 예수 그리스도가 우리의 주님이시기 때문입니다. 또 우리의 아픔을 함께 나눌 교회 공동체가 있기 때문입니다.

많은 사람이 기분이나 환경에 따라서 살아갑니다. 사는 대로 생각하며 사는 대로 꿈을 꿉니다. 하지만 그리스도인은 감정이나 성격, 환경을 따라 살아서는 안 됩니다. 믿음을 따라, 말씀을 따라 살아야 합니다. 우리를 대신하여 싸우시는 하나님과 그 하나님의 승리를 기대하며 살아야 합니다. 그럴 때 우리는 슬프고 아파도 웃을 수 있습니다.

축복의 결말을 기대하라

창조주 하나님은 지금도 살아계시고 우리와 함께하십니다. 우리는 그분의 자녀이자 그분이 주시는 영원한 생명의 상속자가 되었습니다. 이 사실 하나만으로도 우리는 이미 놀라운 복을 받은 것입니다. 우리가 바라고 기대했던 것이 삶에서 이루어지지 않는다는 몇 가지 불편한 사실 때문에 우리에 대한 하나님의 사랑을 판단하고 의심하지 말아야 합니다. 오히려 심각한 고난과 견딜 수 없는 아픔이 다가오면 살아계신 하나님의 존재와 우리를 향한 하나님의 깊은 사랑을 더 생생하게 경험하는 복의 기회로 삼아야 합니다.

때로는 부당하게 고난을 받는 것 같고, 내 생각대로 일이 풀리지 않고, 경제적으로 힘듭니다. 몸이 아프고, 믿었던 사람에게 배신을 당하고, 나의 진심이 왜곡되고, 사는 것 자체가 고통스럽습니다. 그래도 믿음으로 인내해야 합니다. 결국 하나님께서 우리에게 복을 주시는 결말을 안겨 주실 것이기 때문입니다.

보라 인내하는 자를 우리가 복되다 하나니 너희가 욥의 인내를 들었고 주께서 주신 결말을 보았거니와 주는 가장 자비하시고 긍휼히 여기시는 이시니라 (야고보서 5:11)

하나님은 당신을 믿고 따르는 자녀를 지키시고, 모든 것이 합력하여 선을 이루게 하시며, 가장 선한 길로 인도해 주십니다. 하나님의 자녀가 된 우리는 고통 중에도 인내하며 하나님이 주실 그 복의 결말을 기대할 수 있어야 합니다.

그런데 여기에서 한 가지 짚고 넘어가야 할 것이 있습니다. 우리가 기대하는 복의 결말은 무엇입니까? 우리가 '복'이라고 여기는 것은 무엇입니까? 많은 사람이 물질의 풍요나 건강, 장수, 사업의 번창, 학업의 성취, 출세 등만을 복으로 여깁니다. 그래서 이러한 것들에 문제가 생겼을 때 불안해하며 하나님께 복을 달라고 간구합니다. 물론 이것들은 하나님이 허락하신 복입니다. 하지만 우리는 그보다 더 본질적인 복이 있음을 깨달아야 합니다.

우리가 받은 최고의 복

구약 성경에 나오는 야곱은 인간적으로 볼 때 허물이 많은 사람이었습니다. 자신의 목적을 위해서는 수단과 방법을 가리지 않는 사람이었고, 야비하고, 비겁하며, 추잡한 사람이었습니다. 대체 하나님은 어떻게 이런 사람을 통해 이스라엘을 세우셨는지 전혀 이해가 되지 않을 정도이지만, 성경은 이렇게 말하고 있습니다.

> 야곱의 허물을 보지 아니하시며 이스라엘의 반역을 보지 아니하시는도다 여호와 그들의 하나님이 그들과 함께 계시니 왕을 부르는 소리가 그 중에 있도다 (민수기 23:21)

하나님은 야곱의 허물을 보지 않으셨습니다. 우리가 야곱을 통해 알 수 있는 것은 하나님의 긍휼과 용서와 사랑이 우리가 받은 최고의 복이라는 것입니다. 우리 마음속에 숨어 있는 탐욕과 거짓과 위선을 생각해 보면, 때로는 스스로가 역겨울 때도 있지 않습니까? 그런데 하나님은 이렇게 더럽고 추악한 우리의 모습에도 불구하고 우리를 긍휼과 사랑으로 품어 주셨습니다. 우리를 있는 모습 그대로 받아 주셨을 뿐만 아니라 보혈의 피로 씻어 '의인'이라고 인정해 주셨습니다. 이보다 더 큰 은혜가 어디에 있습니까? 매일 수없이 반복되는 우리의 불의와 죄악을 용서해 주시고, 우리의 실수와 실패를 인내해 주시며, 여전히 기다려 주시는 아버지의 마음이 우리가 갖고 있는 최고의 복임을 알아야 합니다.

하나님이 주시는 복을 눈에 보이는 것, 물질적인 것으로만 판단하지 마십시오. 이 땅에서 어려움을 겪지 않는 것만이 하나님이 주시는 복이라고 오해하지 마십시오. 야곱처럼 교활하고, 비겁하고, 죄악 된 우리를 변함없이 사랑하시는 아버지의 마음이 바로 복입니다. 하나님이 주시는 복은 하나님으로부터 뭔가를 받아내는 것이 아닙니다. 우리를 향한 하나님 아버지의 마음을 느끼는 것입니다. 하나님의 은혜로 살아가면서도 예수님을 매일 십자가에 못 박고 있는 우리의 죄를 용서해 달라고 기도하시는 아버지의 마음이 바로 축복이라는 것을 알아야 합니다.

모질고 긴 나그네의 삶 속에서 어떻게든 살아보려고 발버둥치는 야곱에게서 우리의 모습을 발견합니다. 성공을 위해 때로는 수단과 방법을 가리지 않는 추악한 모습은, 형의 것이라도 빼앗아 복을 받으려는 야비한 모습은 우리의 모습과도 같습니다. 이것이 우리의 실체입니다.

그러나 하나님은 야곱처럼 더럽고, 비겁하고, 연약한 우리를 포기하지 않으시고, 끝까지 사랑하시며 용납해 주십니다. 긴긴 세월 동안 힘겹게 살아가는 야곱을 홀로 버려두지 않으시고 함께하시며 도와주신 하나님의 임재가 바로 축복이며, 축복의 결말입니다.

하나님이 주신 최고의 복은 우리에 대한 하나님의 마음을 믿고, 우리와 함께하시는 하나님의 임재를 믿는 것입니다. 형편없는 나의 모습에도 나를 떠나지 않으시는 하나님의 사랑입니다. 그 복을 기대하며 살아갈 때, 세상이 낙심과 절망을 이야기해도 우리는 꿈과 희망을 이야기할 수 있습니다.

미래를 꿈꾸는 나에게

1. 나는 현미경 그리스도입니까? 아니면 망원경 그리스도입니까?

2. 나를 향한 하나님의 마음은 어떻다고 생각하십니까? 그 마음이 내게 힘과 위로를 주고 있습니까?

3. 지금 나는 인생의 어느 계절을 지나고 있습니까? 만약 추운 겨울을 지나고 있다면, 봄을 맞기 위해 어떤 준비를 해야 하겠습니까?

하나님은 당신을 믿고 따르는 자녀를 지키시고, 모든 것이 합력하여 선을 이루게 하시며, 가장 선한 길로 인도해 주십니다. 하나님의 자녀가 된 우리는 고통 중에도 인내하며 하나님이 주실 그 복의 결말을 기대할 수 있어야 합니다.

사람의 본분

본분
1. 사람이 저마다 가지는 본래의 신분
2. 의무적으로 마땅히 지켜 행하여야 할 직분

몇 해 전 인터넷 사이트 '갓피플'에서 기독교인들이 비 기독교인들에게 가장 많이 받는 질문에 대해 설문조사를 했습니다. 1위는 '믿는 사람들은 안 믿는 사람들과 무엇이 달라?'였습니다. 그런데 이 질문에는 아주 중요한 의미가 들어 있습니다. 믿지 않는 사람들조차도 하나님을 믿는 사람은 그렇지 않은 사람과는 달라야 한다는, 다를 거라는 기대가 있다는 것입니다.

요즘 기독교가 많은 비판을 받고 있습니다. 심지어 어떤 경우에는 '기독교인'이라는 이유만으로 신뢰를 얻지 못하거나 비판의 대상이 되기도 합니다. 비 그리스도인들이 그리스도인들을 싫어하는 이유는 단지 종교적 신념 때문이 아닙니다. 그리스도인들이 사는 방식 때문입니다. 그리스도인들에게서 기독교가 중시하는 이웃 사랑이나 용서, 화해 등의 삶의 태도는 찾아보기 어렵고, 주일 지키기, 술 안 먹기 등 형식적인 면만 남아 있기 때문입니다. 게다가

'기독교인'을 방패삼아 인면수심의 행태를 보이는 일들이 종종 매스컴을 타기도 하니, 옷을 찢고 울고 싶은 심정입니다. 이러한 삶의 모습이 비 그리스도인들에게는 위선적이고 이기적으로 보이는 것은 어쩌면 당연한 일일 것입니다.

더하고 덜함의 차이가 있을 뿐이기에 우리 모두는 누구에게도 돌을 던질 수 없습니다. 예수님은 창녀를 질책하는 이스라엘 군중들에게 "죄 없는 자가 돌로 치라."라고 말씀하셨습니다. 과연 우리 안에 서로를 향해 돌을 던질 수 있는 사람이 있겠습니까? 목사가 목사답게 살지 못하고, 장로가 장로답게 살지 못하고, 그리스도인이 그리스도인답게 살고 있지 못하니 이것은 우리 모두의 문제입니다.

하나님 앞에 바로 서기

리처드 바크는 미국의 일리노이 주 오크파크에서 태어나 성장했고, 롱비치 주립대학에 입학했으나 퇴학당한 후 공군에 입대하여 비행기 조종사가 됩니다. 그 후 상업 비행기 조종사로 일하며 연간 3천 시간 이상의 비행기록을 세웠습니다. 어느 날 그는 저녁 해변을 거닐다 들려오는 목소리에 이끌려 '갈매기의 꿈'이란 소설을 씁니다. 이 소설은 무려 열여덟 군데의 출판사에서 거절을 당했으나 우여곡절 끝에 지금은 전 세계의 독자들에게 사랑을 받는 책이 되었습니다. 그는 이렇게 말했습니다.

"우리는 우리 생각 속에 담아 둔 것을 인생으로 잡아끌게 된다."

우리의 생각이 곧 우리의 삶과 현실이 된다는 뜻입니다. 우리 안에는 어떤 생각이 있습니까? 예수님을 믿고는 있으나 정작 내 안에 '나'만 들어 있지 않습니까? 입으로는 예수님의 사랑과 복음을 이야기하면서 정작 내가 품고 있는 것은 욕심과 고집 아닙니까?

우리는 하나님의 위대한 사랑으로 구원을 받은 존재입니다. 그렇다면 존재가 가진 가치만큼 잘 살아야 합니다. 예수님을 모르거나 부인하는 사람보다도 너그럽지 못하고 이해심 없는 삶을 살아서는 안 됩니다. 욕이나 먹으면서 살아서는 안 됩니다.

우리가 마음에 뿌림을 받아 악한 양심으로부터 벗어나고 몸은 맑은 물로 씻음을 받았으니 참 마음과 온전한 믿음으로 하나님께 나아가자 (히브리서 10:22)

'참 마음'이란, '진짜의, 실제의, 신뢰할 수 있는, 성실한 마음'을 의미합니다. 즉, 참 마음으로 하나님께 나아가라는 말은 성실하게, 최선을 다해서 열심히 하나님을 믿으라는 의미입니다. 예수님은 제자들에게 "너희는 마음을 다하고, 뜻을 다하고, 목숨을 다해 하나님을 섬기라."라고 강조하셨습니다. 무늬만 그리스도인으로 살지 말고, 삶의 내용도 그리스도인으로 살아가라는 당부입니다.

'온전한 믿음'이란, '잘못된 것 없는, 바르고 옳은 믿음'을 의미합니다. 우리는 물건 하나를 살 때도 흠이 없는 것을 사려고 이리저리 살펴봅니다. 또 문제가 발견되면 급히 매장에 가져가 교환을 요청합니다. 값을 주고 샀으니 당연한 권리라고 생각하기 때문입니다. 그런데 왜 하나님께 나아갈 때는 온전한 믿음으로 나아가려고 하지 않습니까?

하나님은 참 마음과 온전한 믿음으로 하나님께 나아오는 사람을 찾으십니다. 그리고 그런 사람에게 이 땅에서의 유혹에 흔들리지 않을 수 있는 굳건한 믿음과 세상과 타협하지 않는 담대함을 주십니다. 복음에 합당한 삶을 살려면, 믿지 않는 사람과 다르게 살려면, 하나님 앞에 바로 서야 합니다.

링컨이 한 유명한 말이 있습니다.

"국민의of the people, 국민에 의한by the people, 국민을 위한for the people."

우리는 우리의 삶을 통해 이것을 이렇게 바꿀 수 있어야 합니다.

"하나님의of God, 하나님에 의한by God, 하나님을 위한for God."

'나를 위하여'의 덫

솔로몬은 왕에 즉위하고 왕권이 안정되자 가장 먼저 성전을 건축했습니다. '하나님을 위해서'라는 신앙의 본질을 지킨 것입니다. 그런데 하나님을 위해 성전 건축을 시작했던 솔로몬은 그 후 왕국이 번영하자, 자신을 위한 인생을 살았습니다. 하나님을 향한 삶에서 자신을 향한 삶으로 방향을 바꾼 것입니다.

솔로몬은 참회록처럼 쓴 전도서에서 이렇게 고백합니다.

나의 사업을 크게 하였노라 내가 나를 위하여 집들을 짓고 포도원을 일구며 여러 동산과 과원을 만들고 그 가운데에 각종 과목을 심었으며 나를 위하여 수목을 기르는 삼림에 물을 주기 위하여 못들을 팠으며 남녀 노비들을 사기도 하였고 나를 위하여 집에서 종들을 낳기도 하였으며 나보다 먼저 예루살렘에 있던 모든 자들보다도 내가 소와 양 떼의 소유를 더 많이 가졌으며 은 금과 왕들이 소유한 보배와 여러 지방의 보배를 나를 위하여 쌓고 또 노래하는 남녀들과 인생들이 기뻐하

는 처첩들을 많이 두었노라 (전도서 2:4-8)

4-8절 안에 '나의', '나를 위하여'라는 표현이 무려 5번이나 나옵니다. 부귀영화의 안락함 속에서 하나님에 대해 가졌던 처음의 순수한 마음과 믿음은 사라졌습니다. 어느새 '나를 위하여' 살아가는 불신앙의 사람으로 변질됐습니다. 초심은 사라지고 본심으로 돌아간 것입니다.

이런 모습이 솔로몬에게만 있는 것이 아닙니다. 우리의 모습이기도 합니다. 조금만 인정받으면 완악해지고, 조금만 잘되면 교만해집니다. 조금만 안정되면 욕심을 부리고, 조금만 편해지면 나태해집니다. 그런 점에서 보면, 고난과 시련을 이기는 것보다 번영과 성공을 이기는 것이 훨씬 더 어려운 일이라는 생각이 듭니다.

그런데 자신을 위해 살았던 솔로몬은 행복하지 않았습니다. 그는 자신의 참담한 심정을 이렇게 표현합니다.

그 후에 내가 생각해 본즉 내가 손으로 한 모든 일과 내가 수고한 모든 것이 다 헛되어 바람을 잡는 것이며 해 아래에서 무익한 것이로다 (전도서 2:11)

세상에서 누릴 수 있는 모든 번영과 풍요를 누린 후, 그의 대답은 '모든 것이 다 헛되다'였습니다. 자신을 위해 살아온 날들에는 남는 것이 하나도 없다는 깨달음인 것입니다. 그리고 그는 이렇게 결론짓습니다.

일의 결국을 다 들었으니 하나님을 경외하고 그의 명령들을 지킬지어다 이것이

모든 사람의 본분이니라 (전도서 12:13)

사람의 본분은 이것이다

하나님을 경외하는 것이 사람의 본분입니다. 하나님의 뜻과 계획과 말씀대로 사는 것이 사람의 본분입니다. 하나님의 영광을 위하여 사는 것이 사람의 본분입니다.

그리스도인들이 세상에서 빛과 소금으로 살지 못하고, 도리어 믿지 않는 사람들에게 실망을 안겨 주는 것은 '본분'을 지키지 않아서입니다. 우리는 하나님을 경외하고 그의 명령을 지켜야 합니다. 그런데 하나님을 두려워하지 않고 지극히 땅에 속한 법칙들을 따르다 보니, 하나님과 세상에서 부끄러운 존재가 되고 마는 것입니다.

사람이 자신을 위해 할 수 있고, 또 개인이 누릴 수 있는 쾌락과 편안함의 끝은 어디일까요? 솔로몬은 우리가 상상할 수 있는 그 모든 것을 다 합하여 경험해 본 사람입니다. 그런데 그는 결코 행복하지 않았습니다. 그가 맛본 것은 '천국'이 아니라 말로 다할 수 없는 '허무함'이었습니다. 풍요 속에서 심각한 결핍을 느낀 것입니다.

우리는 솔로몬을 통해 본분을 잃은 삶은, 그 어느 것으로도 온전히 채워질 수 없다는 것과 절박함과 간절함이 은혜라는 사실을 깨닫게 됩니다. 또한 나를 위한 삶은 헛된 것임을 배우게 됩니다.

우리는 하나님을 섬기도록 창조된 존재입니다. 하나님을 예배하고 하나님의 영광을 위해 살도록 구원받은 존재입니다. 모든 피조물은 본래의 뜻대로 살아갈 때 가장 행복합니다. 즉, 본분에 충실할 때 충만을 경험할 수 있습니다.

그런즉 너희가 먹든지 마시든지 무엇을 하든지 다 하나님의 영광을 위하여 하라

(고린도전서 10:31)

하나님이 우리에게 삶의 모든 영역에서 하나님의 영광을 위하여 살라고 말씀하신 것은, 결국 우리를 위해서입니다. 우리가 나를 위하여 살아가게 될 때 경험할 갈증과 허기를 알고 계셨기 때문입니다.

"믿는 사람들은 안 믿는 사람들과 무엇이 달라?"

누군가 물어 온다면, 대답할 수 있어야 합니다. 믿는 사람은 사람의 본분을 지킴으로써 하나님이 인생에게 주신 참 행복을 경험한다고 말입니다. 아니 말로 보여 주지 않아도 우리가 본분을 지키며 살아갈 때, 믿지 않는 사람들도 그 다름의 현장을 목격하게 될 것입니다.

미래를 꿈꾸는 나에게

1. 비 그리스도인의 눈에 비친 나는 어떤 그리스도인입니까?

2. 지금 계획하고 준비하는 일이 있습니까? 그 일이 '하나님을 위한' 것이 되기 위해서는 어떠한 변화가 필요하다고 생각합니까?

3. 본분을 지키는 삶을 살기 위한 작은 실천을 계획해 봅시다.

하나님은 참 마음과 온전한 믿음으로 하나님께 나아오는 사람을 찾으십니다. 그리고 그런 사람에게 이 땅에서의 유혹에 흔들리지 않을 수 있는 굳건한 믿음과 세상과 타협하지 않는 담대함을 주십니다.

하나님의 기준을 묻다

기준
기본이 되는 표준

실패하고 싶은 사람은 없습니다. 모든 사람이 가정에서, 학업에서, 일에서, 관계에서 성공하고 싶어 합니다. 그래서 '성공'에 대해 이야기하는 TV 프로그램이나 책이 많습니다. 이러한 것들은 성공한 사람들이 가진 습관이나 성공을 위한 계명 등 성공의 확률을 높이는 다양한 방법들을 소개하며 성공으로 향한 길을 안내합니다.

'성공'은 '목적하는 바를 이룬다'는 뜻입니다. 정의로만 보자면, 누구나 충분히 성공한 삶을 살 수 있습니다. 크든 작든 목적한 것을 이루며 사는 것이 곧 성공적인 삶이기 때문입니다. 하지만 우리가 '성공'이라고 이야기하는 대부분의 경우에는, 이루었다는 그 자체보다 무엇을 이루었냐는 것이 매우 중요한 기준이 됩니다. 개인에게는 의미가 있을지 모르나 다른 사람들에게는 크게 부러울 것 없는 성취는, '성공'이라는 타이틀을 달기에 어쩐지 부족하다고 여겨

지기 때문입니다.

실제로 많은 사람이 생각하는 성공은, 실패의 경험은 최소화시키고, 남보다 뛰어난 결과물을 빨리 내는 것입니다. 그리고 그것에 대한 보상으로 물질이나 사람들의 인정을 받아 남들이 부러워하는 삶을 사는 것입니다. 더 많은 경험과 능력을 위해 어려서부터 스펙 쌓기에 돌입한 한국 사회의 모습이 우리가 생각하는 '성공'의 단면을 보여 주는 것이라고 할 수 있습니다.

여호와 보시기에

성경이 왕에 대한 평가에서 자주 사용하는 표현이 있습니다. 바로 '여호와 보시기에'입니다. 이 말은 성경에 49번이나 등장하며 대부분이 왕을 평가할 때 쓰였습니다. 하나님은 왕을 평가하실 때 백성을 통치하는 능력을 기준으로 삼지 않으셨습니다. 얼마나 많은 일을 이루었는지 그 업적에 따라 등급을 매기지 않으셨습니다. 하나님이 보시는 것은 오직 한 가지, 하나님을 섬기는 마음, 곧 믿음이었습니다. 이스라엘 역사 속에서 많은 영토를 확장하고 부강한 국가를 만들었어도, '여호와 보시기에' 바르지 않으면 하나님은 그 왕을 실패한 인생이라고 단언하십니다. 하나님의 평가는 매우 냉정합니다.

대부분의 사람들은 누군가를 평가할 때 그 사람이 가진 능력이나 학벌, 재산, 혹은 외모를 기준으로 삼습니다. 또 도덕적인 잣대로 사람이 착하다, 혹은 착하지 않다고 평가합니다. 그러나 하나님의 평가 방법과 기준은 우리의 생각과 매우 다릅니다.

어떤 길은 사람이 보기에 바르나 필경은 사망의 길이니라 (잠언 14:12)

사람이 보기에 바른 것이 중요한 것이 아닙니다. 중요한 것은 하나님이 보시기에 바른 것입니다. 사람의 평가나 인정보다 하나님의 평가가 중요합니다.

예수님은 인간적으로 보기에는 보잘것없고 하찮은 사람을 귀하다고 평가하실 때가 많았습니다. 볼품없던 광야의 노숙자 요한을 '세상에서 가장 큰사람'이라고 평가하셨습니다. 예수님의 발에 비싼 향유를 부어 제자들에게 질책을 받은 여인의 섬김을 역사적인 사건으로 판단하셨습니다. 부자의 많은 헌금보다 과부의 두 렙돈을 더욱 크다고 말씀하셨습니다.

사람의 생각과 하나님의 생각이 이처럼 차이가 나는 것은, 하나님은 겉으로 드러나는 모습이 아니라 그가 가지고 있는 믿음으로 사람을 판단하시기 때문입니다. 그런 의미에서 진정한 성공은 '내가 원하는 것을 이루고 성취하는 것이 아니라, 하나님 뜻대로 사는 것'입니다.

하나님의 뜻대로 살기 위해서는 먼저 하나님의 뜻을 알아야 합니다. 하나님은 당신의 뜻을 숨겨 두지 않으셨습니다. 하나님의 뜻을 구하고 찾는 사람은 누구나 발견할 수 있도록 공평하게 드러내 주셨습니다. 성경에 기록된 말씀이 바로 그것입니다.

내가 보기에 좋고, 내 경험과 상식에 비추어 옳은 대로 사는 것이 아니라 하나님 말씀을 기준으로 삼아야 합니다. 돈 많이 벌어 편안한 삶을 사는 것이 성공이 아니라 때로 가난해도 하나님만 믿고 의지하는 삶이 성공한 인생입니다.

하나님의 기대

신앙생활을 오래한 사람들 중에는 간혹 스스로의 믿음과 헌신에 만족하는 사람들이 있습니다. '내가 주일에 하는 봉사가 얼마나 많은데', '내가 낸 헌금이 얼만데', '내가 주의 종을 얼마나 정성껏 모셨는데', 그러니 이 정도면 됐다는 것입니다. 하지만 이것은 자만이고 교만입니다. 그 기준이 하나님께로부터 온 것이 아니기 때문입니다.

우리는 내 기준이 아니라 하나님이 원하시는 기준을 적용해야 합니다. 우리는 하나님의 이름을 위하여 택함받은 사람들입니다. 하나님의 자녀가 되는 은혜를 받은 사람들입니다. 하나님은 우리가 하나님의 자녀답게 살기를 원하십니다. '하나님의 자녀'는 단순히 하나님을 '아버지'로 부르는 것으로 충족되는 것이 아닙니다. 매 순간, 삶의 자리에서 하나님이 내 아버지이심을 기억하며 살아가야 합니다. 그것은 곧 그리스도의 장성한 분량에 이르는 것입니다.

> 그러므로 우리가 그리스도의 도의 초보를 버리고 죽은 행실을 회개함과 하나님께 대한 신앙과 침례(세례)들과 안수와 죽은 자의 부활과 영원한 심판에 관한 교훈의 터를 다시 닦지 말고 완전한 데로 나아갈지니라 (히브리서 6:1-2)

하나님은 당신의 자녀가 미숙한 신앙에 머물러 있는 것을 원하지 않으십니다. 우리가 온전한 신앙의 수준에 이르기를 원하십니다.

성경에서 흠이 없다고 소개되고 있는 사람 중 대표적인 사람이 다니엘입니다. 다니엘은 포로로 잡혀갔다가 총리가 된 입지전적인 인물입니다. 그는 바벨론에서 여러 가지 기적을 경험합니다. 우리는 그가 기적의 주인공이 될 수 있었던 이유에 대해 곰곰이 살펴봐야 합니다.

> … 왕이여 그것은 곧 이제부터 삼십일 동안에 누구든지 왕 외의 어떤 신에게나 사

람에게 무엇을 구하면 사자 굴에 던져 넣기로 한 것이니이다 … 이에 다리오 왕이

조서에 왕의 도장을 찍어 금령을 내리라 (다니엘 6:7-9)

왕은 다른 신이나 사람에게 기도하는 것을 금지하는 명령을 내렸습니다. 그리고 그 명령이 절대 변할 수 없는 것임을 나타내기 위해 왕의 도장을 찍었습니다. 그런데 다니엘은 그 명령을 어기면 죽게 된다는 것을 알고도 늘 하던 대로 하나님께 기도했습니다. 위기를 모면하기 위해 다른 방법을 찾거나, '상황이 어쩔 수 없다'며 기도하기를 잠시 중단하지 않았습니다.

다니엘이 이 조서에 왕의 도장이 찍힌 것을 알고도 자기 집에 돌아가서는 윗방에

올라가 예루살렘으로 향한 창문을 열고 전에 하던 대로 하루 세 번씩 무릎을 꿇고

기도하며 … (다니엘 6:10)

다니엘은 자신이 하나님을 예배하는 것을 숨기지 않았고, 왕의 명령과 타협하지도 않았습니다. 어떻게 그럴 수 있었을까요? 삶의 기준이 분명했기 때문입니다. 그에게는 사람이 기준이 아니었습니다. 환경이나 상황이 기준이 아니었습니다. 돈이나 명예, 세상의 평판이 기준이 아니었습니다. 오직 하나님이 기준이었습니다. 하나님은 하나님을 삶의 기준으로 삼은 다니엘을 사자 굴 속에서 구해 주셨을 뿐만 아니라 모든 사람들 앞에서 높이시고, 하나님의 살아계심을 보이셨습니다.

… 그들이 다니엘을 굴에서 올린즉 그의 몸이 조금도 상하지 아니하였으니 이는

그가 자기의 하나님을 믿음이었더라 (다니엘 6:23)

내가 이제 조서를 내리노라 내 나라 관할 아래에 있는 사람들은 다 다니엘의 하나
님 앞에서 떨며 두려워할지니 그는 살아 계시는 하나님이시요 영원히 변하지 않
으실 이시며 그의 나라는 멸망하지 아니할 것이요 그의 권세는 무궁할 것이며
(다니엘 6:26)

다니엘은 분명 '성공한 사람'입니다. 그렇게 말할 수 있는 것은 그가 후에 총
리가 되었기 때문이 아닙니다. 하나님이 기대하시는 삶의 기준으로 살았기 때
문입니다.

바른 기준점

랍비 쿠쉬너는 이렇게 말했습니다.

"축복성공은 바로 당신 뒤에서 당신을 기다리고 있다. 그런데 당신은 앞을 향해 달
리고 있다. 더 멀리 달릴수록 축복으로부터 더욱더 멀어지지 않겠는가? 하나님은
우리에게 온갖 놀라운 선물을 준비하고 계신다. 하지만 우리가 계속해서 멀리만
달아나는데 하나님이 어떻게 우리를 찾아 그런 선물을 주실 수 있겠는가?"

세상은 남보다 빨리 가거나 높이 올라가는 것을 성공이라고 이야기합니다.
그래서 사람들은 끊임없이 누군가를 질투하거나 무시하고, 삶의 많은 과정을
경쟁하듯 긴장하며 살아갑니다. 하지만 진짜 성공은 다른 데 있습니다. 하나

님을 만나는 것입니다. 비록 남들보다 한발 늦는 것 같아도, 세상의 기준에는 한참 모자라 볼품없이 보여도 하나님의 기준을 나의 기준으로 삼는 것이 진정한 성공입니다. 내가 원하는 것을 이루는 것이 아니라 하나님의 뜻을 실천하는 것이 성공입니다.

성공의 기준이 바뀌면 자연스럽게 삶의 목표와 태도가 바뀌게 됩니다. 좋은 대학, 좋은 직장에 가는 것은 좋은 일입니다. 주변 사람들에게 인정받고 칭찬을 듣는 것은 기쁘고 감사한 일입니다. 하지만 그보다 더 귀한 것은 하나님께 쓰임받는 것이고, 여호와 보시기에 선하고 바르게 살아가는 것입니다.

사탄은 강하게 대적하지 않습니다. 부드럽게 다가와 위로하듯, 격려하듯 속삭입니다. 세상에서 말하는 성공에 눈을 뜨도록 말입니다. 그래서 우리가 마땅히 붙들어야 할 하나님의 기준이 흐려지도록 합니다. 은근슬쩍 그런 마음이 들 때면, 우리는 꼭 하나님께 물어야 합니다. "주님, '여호와 보시기에' 저는 어떻습니까?"

성공한 삶을 살고 싶습니까? 하나님의 기준만이 우리를 성공으로 이끕니다. 하나님의 기준만이 하나님께 칭찬받는 근거가 됩니다.

미래를 꿈꾸는 나에게

1. 내가 생각하는 성공은 무엇입니까? 성공을 위해 나는 어떤 노력을 기울이고 있습니까?

2. 내가 삶을 계획하고 무언가를 선택하는 데 있어 기준으로 삼는 것은 무엇입니까?

3. 하나님의 기준을 묻는 것이 망설여지거나 두렵다면 그 이유는 무엇입니까?

진짜 성공은 하나님을 만나는 것입니다. 비록 남들보다 한발 늦은 것 같고 세상의 눈으로는 볼 품없이 보여도 하나님의 기준을 나의 기준으로 삼는 것이 진정한 성공입니다. 내가 원하는 것을 이루는 것이 아니라 하나님의 뜻을 실천하는 것이 성공입니다.

유서를 쓰다

유서
유언을 적은 글

몇 해 전 이야기입니다. 고등학교 동창이면서 우리 교회의 새가족이 된 한 친구가 지나가는 길에 들렀다면서 도넛 한 박스를 사 왔습니다. 한 시간가량 신앙적인 이야기며 여러 가지 삶의 이야기를 나누었습니다. 돌아오는 주일에는 축구장에 도넛을 들고 와서 응원하고 격려하겠다고 약속도 하고, 일본 출장이 있지만 예배를 빠지지 않기 위해 새벽에 도착하는 일정으로 바꾸었다고 은근히 자랑도 했습니다. 아직은 술, 담배를 하고 있지만 친구인 담임 목사에게 누를 끼치지 않는 신앙인이 되기 위해 빠른 시일 안에 끊겠다고 다짐을 했습니다. 저는 신앙을 떠나 본인의 건강을 위해서라도 꼭 그래야 한다고 이야기하고는 주일에 보자며 인사하고 헤어졌습니다.

그런데 그것이 이 땅에서의 마지막 인사가 되고 말았습니다. 친구가 심장마비로 여행 중 갑작스럽게 세상을 떠났기 때문입니다. 그 소식을 들었을 때의 충격은 아직도 잊히지가 않습니다. 예수님을 모르고 살았던 시절이 아쉬워서 이제 남은 삶은 믿음 안에서 새롭게 살기로 굳게 약속했었는데…. 하나님이 그 친구를 왜 그렇게 일찍 데려가셨는지 알지 못하지만, 한 가지 분명한 것은 그가 이 땅에서의 삶은 짧게 마쳤지만 하나님 나라에서 영원한 삶을 시작했다는 것입니다.

누구라도 갑작스럽게 하나님의 부름을 받을 수 있습니다. 누구도 뜻하지 않게 사랑하는 사람을 먼저 하나님 나라로 보낼 수 있습니다. 우리는 아무것도 장담할 수 없습니다. 내일은 우리의 것이 아니기 때문입니다.

천국 환송 예배

많은 사람이 생명을 연장하는 꿈을 꿉니다. 불사의 꿈을 꾸었던 진시황의 이야기나, 인간을 복제하여 그 복제품의 세포로 육체의 노화와 질병을 막는다는 내용의 영화나 소설에서 알 수 있는 것은 사람들이 가지고 있는 죽음에 대한 두려움과 공포입니다. 죽음을 두려워하는 이유는 무엇입니까? 죽음은 모든 것의 끝이라고 생각하기 때문입니다. 그래서 '영결식'이라는 말을 사용합니다. 여기서 '영결'이란 말은 '영원히 결별하다'라는 의미입니다. 영원한 결별이기 때문에 죽음은 슬픈 것입니다. 그 어떤 말로도 위로하기 어려운 아픔입니다.

그러나 그리스도인에게 죽음은 영원한 이별이 아닙니다. 다시 만날 것이기 때문입니다. 그래서 성경은 예수님을 믿는 사람의 죽음은 잠을 자는 것으로 표현합니다. 부활의 아침에 다시 일어날 소망이 있기 때문입니다.

우리가 예수께서 죽으셨다가 다시 살아나심을 믿을진대 이와 같이 예수 안에서 자는 자들도 하나님이 그와 함께 데리고 오시리라 (데살로니가전서 4:14)

그리스도인은 일생을 사는 것이 아니라 영생을 사는 사람들입니다. 그래서 그리스도인의 죽음은 영원한 삶이 주어진 천국으로 가는 여행의 출발입니다. 여행을 가는 사람을 붙들고 영원히 못 만날 것처럼 울고불고 하지 않습니다. 잠시 동안의 이별은 분명 슬프지만, 기쁨으로 다시 만날 것을 알기 때문입니다.

따라서 그리스도인의 죽음은 '천국 환송 예배'가 되어야 합니다. 그리스도인의 죽음은 축복입니다. 눈물도 고통도 없는 영원한 행복과 완전한 기쁨이 보장된 나라로의 입국을 의미하기 때문입니다. 그래서 저는 예수님을 잘 믿고 세상을 떠난 유가족들을 위한 위로 예배에서 이렇게 말합니다. "여러분은 슬퍼하지만 떠난 고인은 하나님 나라의 영광과 그 신비와 황홀함에 취해 지금 무척 신나 여러분 생각도 안하고 있을 것입니다."

이처럼 죽음을 바라보는 시선이 달라지면, 우리는 보다 자유롭고 보다 담대하게 살 수 있습니다. 죽음에 대한 두려움 때문에 비겁해지거나 치사해지지 않을 수 있습니다. 남겨진 사람도 지나친 슬픔과 아픔에 빠지지 않을 수 있습니다. 가족이나 가까운 친구가 세상을 떠날 때, 그를 영결식으로 보낼 것인지, 아니면 천국 환송 예배로 보낼 것인지 다시 생각해 봐야 합니다.

오늘이 인생의 마지막 날이라면

오래 전 150명의 청년들과 함께 여름 수련회를 진행한 적이 있습니다. 저는 수련회 기간 중 침묵을 선포하고 유서를 쓰라고 했습니다. 오늘 저녁이 인생의 마지막 날이라고 생각하고 진지하게 작성하도록 했습니다. 미리 나눠 준 종이에 유서를 쓰면서 여기저기서 훌쩍이는 소리가 들려왔습니다.

어느 정도 시간이 지난 후 자신이 쓴 유서를 들고 산에 올라가 땅 속에 미리 준비해 놓은 모의 관에 들어가는 체험을 했습니다. 그리고 저는 촛불을 들고 모여 있는 청년들 앞에서 각자가 쓴 유서를 낭독하도록 했습니다. 유서를 읽는 저도 울었고 듣는 청년들도 울었습니다. 어떤 청년의 유서에는 20년 남짓한 세월 동안의 아쉬움이 적혀 있었습니다. 미처 피우지 못한 청춘에 대한 아쉬움이 배어 있었습니다. 어떤 청년은 늘 술만 마시며 자신에게 상처를 주었던 아버지에게 사랑한다고 말하지 못하고 떠나 온 것을 후회했습니다. 또 어떤 청년은 사랑하는 연인에게 멋진 프로포즈를 하지 못하고 갑자기 떠나게 된 것을 미안하게 생각했습니다.

사실 장례식은 예행연습이 없습니다. 준비가 되었든지 안 되었든지 우리 모두는 어느 날 홀연히 이 땅을 떠나게 될 것입니다. 누구도 예외는 없습니다. 죽음 앞에 섰을 때야 비로소 더 사랑하고 더 용서하고 더 이해하며 살지 못한 것을 후회한다면, 매일매일을 내가 '죽는 존재'임을 깨닫고 살아가는 것은 어떨까요? 유서를 쓰는 심정으로 하루하루를 살아간다면, 매 순간이 소중하고 감사하고, 만나는 모든 이들이 반갑고, 사소한 일은 너그럽고 유쾌하게 받아들일 수 있을 것입니다.

조용한 시간, 내 인생을 돌아보며 유서를 작성해 보십시오. 그리고 유서에 쓴 글을 생각하며 남은 인생을 살아가십시오. 그러면 우리는 주어진 시간에 최선을 다하며 살게 될 것입니다. 풀이 마르고 꽃이 시드는 것처럼 인생은 잠깐입니다.

살아있다는 것과 산다는 것의 의미

생각해 보면 인간이란 결국 울음과 웃음을 반복하다가 하나님 앞에 가는 존재가 아닌가 싶습니다. 많은 것을 계획하고 실행하며 사는 것 같아도 결국 내가 할 수 있는 일이란 매우 적습니다. 모든 것은 절대 주권을 가지고 계신 하나님께 달려 있습니다.

그런데도 우리는 건방지게 '내 인생은 나의 것!'이라며 마치 내 마음대로 할 수 있는 것처럼 큰소리치며 살아갑니다. 하나님이 부르시면 오늘밤이라도 불현듯 떠나게 되는 것이 우리의 인생인데 말입니다.

한 번의 죽음으로 영원히 끝날 수밖에 없는 우리를 구원하시고 지금까지 은혜를 베풀어 주신 하나님의 사랑을 깊이 느꼈으면 좋겠습니다. 하나님이 우리를 언제 천국으로 부르셔도 부끄럽지 않도록 믿음과 헌신의 삶을 살았으면 좋겠습니다. 하나님이 허락하신 오늘 이 순간 우리가 할 수 있는 최선의 삶을 살았으면 좋겠습니다. 나그네처럼 짧은 시간이지만 서로 사랑하며 섬기는 삶을 살았으면 좋겠습니다. 인생은 짧은 단편 영화처럼 순식간에 지나가는 것이기 때문입니다.

예전에 생각을 위한 주간을 내서 남쪽으로 홀로 여행을 떠난 적이 있습니다. 아무도 없는 한적한 남해의 모래사장에 서서 바다를 바라보며 제 자신에게 질문을 했습니다. '나는 왜 사는가?', '나는 지금 왜 이 일을 하고 있는가?', '나는 왜 여기 있어야 하는가?' 그 이후로도 저는 종종 이 질문을 스스로에게 던지곤 했습니다. 결론은 한 가지였습니다. 하나님과 교회와 소명을 떠난 인간의 삶은 아무런 의미가 없다는 것이었습니다. '텅 빈 해수욕장에 널린 쓰레기처럼 인생을 낭비할 것인가? 아니면 알아주는 이 없는 고독한 삶이지만 사명자로 살 것인가?'

우리는 죽음을 두려워하기보다 살아가는 것에 대해 두려워해야 합니다. 의미 있는 인생으로 살기 위해 계속 묻고 매일의 걸음을 다듬어야 합니다. 단순히 살아있는 것에 의의를 두는 것이 아니라 제대로 살아가는 것에 의의를 두고 살 때, 하나님이 언제 부르셔도 부끄럽지 않은 죽음이 될 것입니다.

'살아있다는 것과 산다는 것의 의미'

요즘 살아있다는 것과 산다는 것의 의미에 대해 많은 묵상을 하고 있다. 너에게 받은 이메일을 읽으며 너의 삶이 내가 생각하고 있던 것 이상으로 많은 상처 속에서 고군분투하며 살아온 삶임을 가슴으로 느낄 수가 있었다. 또 너와의 전화 통화를 끝내고 많은 생각을 했다. 선과 거룩함에 대한 우리의 기준이 얼마나 자기 주관적인 것인지….

나는 요즘 고독한 내 영혼을 이해해 주고 나의 편일 것이라 기대하던 관계의 마지막 끈까지 내려놓고 하나님 앞에 벌거벗고 홀로 서는 연습을 하고 있다. 부모, 아내, 자녀, 교인, 그리고 형제자매까지 내가 알고 있고 또 나를 알고 있는 모든 사람보다 하나님을 더 사랑하고 그분 앞에 홀로 선다는 것의 의미를 생각하고 있다.

아무도 내 편이 되어 주지 않고, 나를 이해해 주지 않아도 나약해지지 않는 그리스도인으로 살아가는 연습을 한다는 건 참으로 고독한 일이지만 동시에 값진 일이기도 하다는 생각을 했다. 본토 친척 아비 집을 떠나 새로운 땅으로 가라고 말씀하신 하나님의 의도를 삶으로 깨달아야만 했던 아브라함의 고독을 이제 조금은 어렴풋이 느낄 수 있을 것 같다.

　　여러 가지 힘들고 마음 상하는 상황 속에서도 당당하게 믿음으로 서 가고, 서 있는 너를 볼 때 참으로 자랑스럽다. 앞으로 삶 가운데서 지금처럼 변하지 말고 항상 믿음으로 승리하는 거룩한 하나님의 자녀가 되기를 기대하고 기도한다.

— 9월 어느 날 모 지체에게 보낸 이메일 中

미래를 꿈꾸는 나에게

1. 가까운 사람의 죽음을 경험한 적이 있습니까? 혹은 내가 죽음의 문턱에 가까이 갔던 경험이 있습니까?

2. 죽음을 생각할 때 내게 찾아오는 감정은 무엇입니까?

3. 누구에게도 방해받지 않는 시간과 장소를 택해 유서를 적어 봅시다. 그리고 유서를 읽으며 아쉬움이 적은 삶을 살기 위해 해야 할 일과 하지 말아야 할 일을 생각해 봅시다.

죽음을 두려워하기보다 살아가는 것에 대해 두려워해야 합니다. 의미 있는 인생을 살기 위해 매일 걸음을 다듬어야 합니다. 제대로 살아가는 것에 의의를 두고 살 때, 하나님이 언제 부르셔도 부끄럽지 않은 죽음이 될 것입니다.

2부
다시 **확신**하라

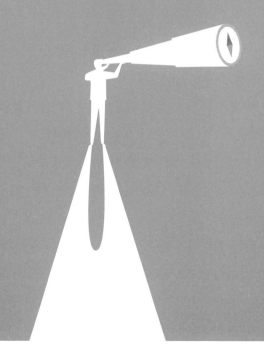

회개, 새로운 삶을 여는 열쇠

회개
잘못을 뉘우치고 고침

마틴 로이드 존스 목사님이 쓰신 『회개』라는 책에는 이런 내용이 있습니다.

"성경에 나타난 회심자들의 간증을 읽다 보면, 거기에는 회개라는 요소가 빠지지 않고 나타납니다. 성인들의 전기나 과거 하나님의 교회에서 두각을 나타낸 영적 거인들의 이야기를 읽다 보면, 자신의 삶에서 진정한 회심을 체험하고 하나님의 능력과 은혜를 맛본 사람들은 누구나 회개의 표징을 드러냈습니다. 그러므로 저는 회개 없는 구원은 없다고 서슴지 않고 말씀드립니다. 회개의 필요성이야말로 성경이 논쟁하지 않는 절대적인 것 중 하나입니다. 성경은 회개를 말할 뿐입니다. 성경은 회개를 자명한 일로 여깁니다. 회개하지 않고 그리스도인이 되는 것이 가당하기나 하겠습니까? 회개의 의미를 깨닫지 못하면서 기독교의 구원을 맛볼 수 있는 사람은 아무도 없습니다."

예수님께서 사역을 시작하시면서 제일 먼저 하신 말씀은 "회개하라 천국이 가까이 왔느니라"입니다. 예수님은 대체 왜 축복의 말로 시작하지 않고 회개하라는 말씀으로 시작하셨을까요? 회개가 새로운 삶과 복 받음의 문을 여는 열쇠이기 때문입니다. 새로운 인생의 복을 기대한다면 내 주장과 생각을 내려놓고 하나님의 말씀대로 살기를 결심하는 결정적인 순간이 필요합니다. 그리고 답답한 인생을 시원한 인생으로 바꾸는 결정적인 순간은 바로 회개의 순간입니다.

서양 속담에 이런 말이 있습니다.

"주먹을 쥔 손으로는 악수할 수 없다."

잔뜩 움켜쥔 손으로는 새로운 것을 잡을 수 없습니다. 새로운 것을 잡으려면 쥐고 있는 것을 놓아야 하는데, 이것이 바로 회개입니다.

신앙생활의 '오답노트'

공부 잘하는 애들은 왜 틀렸는지, 무엇이 잘못되었는지를 분석하고 공부하는 오답노트를 만든다고 합니다. 신앙생활도 마찬가지입니다. 신앙생활을 오래 했는데도 새로운 삶을 살지 못하고 있다면, 신앙생활의 오답노트를 만들어야 합니다. '왜 나는 기도의 응답을 못 받는지…', '나에게는 왜 믿음의 사건이 일어나지 않는지…', '왜 나는 살아계신 하나님을 경험하지 못하는지'에 대해서 말입니다. 신앙의 오답노트를 통해 지금 내 인생에서 무엇이 잘못되었는지를 알고, 내 신앙생활에서 무엇이 문제인지를 깨닫는 것이 회개입니다.

회개는 헬라어로 '메타노에오'인데, 이 단어의 뜻은 '나중에 알아차리다', '너무 늦게 알다'입니다. 즉, 회개를 다른 말로 하면 '깨닫다'입니다. 죄는 헬라어로 '하말티아'인데, 이 단어는 '과녁을 벗어남', '실수하다', '놓치다'라는 의미를 갖고 있습니다. 죄가 실수하고, 놓치고, 잘못된 것이라면, 회개는 이것을 알아차리고 깨닫는 것입니다. 다시 말하면, 죄는 문제가 문제인 줄 모르는 것이고, 회개는 문제가 문제되는 것을 인식하고 깨닫는 것입니다. 제가 제일 무서워하는 사람은 문제가 문제인 줄 모르고, 무식한데 소신을 갖고 사는 사람입니다.

> 이 때부터 예수께서 비로소 전파하여 이르시되 회개하라 천국이 가까이 왔느니라
> 하시더라 (마태복음 4:17)

예수께서 회개하라고 말씀하셨을 때, 이 말씀을 듣는 대상은 유대인들이었습니다. 당시 유대인들은 죄로 인한 고통과 괴로움에서 자신들을 구원할 메시야를 간절히 기다리고 있었습니다.

하지만 정작 그들은 자신들이 기다리던 예수님이 세상에 오셨지만 예수님이 그리스도인 것을 알지 못하고 십자가에 못 박아 죽여 버렸습니다. 그래서 사도들은 이스라엘 백성들에게 이렇게 강조합니다.

> 그런즉 이스라엘 온 집은 확실히 알지니 너희가 십자가에 못 박은 이 예수를 하나
> 님이 주와 그리스도가 되게 하셨느니라 하니라 그들이 이 말을 듣고 마음에 찔려
> 베드로와 다른 사도들에게 물어 이르되 형제들아 우리가 어찌할꼬 하거늘 베드로
> 가 이르되 너희가 회개하여 각각 예수 그리스도의 이름으로 침례세례를 받고 죄 사

함을 받으라 그리하면 성령의 선물을 받으리니 (사도행전 2:36-38)

진정한 회개는 예수 그리스도가 우리의 구주되심을 아는 것입니다. 예수 님이야말로 유일한 내 인생의 구원자요, 내 삶의 주인이심을 알고 깨닫는 것 이 진정한 회개입니다. 그리고 회개의 증거로 침례세례를 받는 것입니다. 침 례세례는 '예수 그리스도가 우리 인생의 구원자요 주인 되심을 하나님과 사람 들 앞에서 고백하는 것'이기 때문입니다.

사람의 가장 큰 죄는 예수님의 구주 되심을 깨닫지 못하는 것입니다. 도적 질하고, 살인을 저지르는 것도 심각한 죄지만, 진짜 죄는 예수님을 믿지 않고 살던 대로 살고, 하던 대로 하는 것입니다. 그래서 성경에 보면 '깨닫는 것이 은혜'라고 합니다. 하나님이 나를 얼마나 사랑하시는지, 하나님이 어떤 계획 을 갖고 나를 창조하시고, 구원하셨는지 알지 못하고 살던 죄를 회개해야 합 니다. 하나님의 뜻과 계획을 깨닫지 못하고 내 맘대로 살았던 죄를 회개해야 합니다. 미련하고 탐욕스러워서 하나님의 사랑과 은혜를 깨닫지 못하고, 하나 님을 원망하고, 하나님의 뜻을 거스르고, 하나님의 마음을 아프게 했던 모든 죄를 회개해야 합니다.

베드로 사도는 이렇게 강조합니다.

또 그 모든 편지에도 이런 일에 관하여 말하였으되 그 중에 알기 어려운 것이 더 러 있으니 무식한 자들과 굳세지 못한 자들이 다른 성경과 같이 그것도 억지로 풀 다가 스스로 멸망에 이르느니라 그러므로 사랑하는 자들아 너희가 이것을 미리 알았은즉 무법한 자들의 미혹에 이끌려 너희가 굳센 데서 떨어질까 삼가라 오직

우리 주 곧 구주 예수 그리스도의 은혜와 그를 아는 지식에서 자라 가라 (베드로

후서 3:16–18)

우리는 회개하지 않는 영적 무식함과 죄악을 버리고 우리를 향한 주님의 은혜와 하나님을 바르게 아는 지식에서 자라가야 합니다. 그 안에서만 제대로 성장할 수 있습니다.

울어야 할 때이다

사람들에 대한 하나님의 최대 형벌은 우리가 살던 대로 살도록 내버려 두고, 하던 대로 하도록 내버려 두시는 것입니다.

또한 그들이 마음에 하나님 두기를 싫어하매 하나님께서 그들을 그 상실한 마음

대로 내버려 두사 합당하지 못한 일을 하게 하셨으니 곧 모든 불의, 추악, 탐욕,

악의가 가득한 자요 시기, 살인, 분쟁, 사기, 악독이 가득한 자요 수군수군하는 자

요 비방하는 자요 하나님께서 미워하시는 자요 능욕하는 자요 교만한 자요 자랑

하는 자요 악을 도모하는 자요 부모를 거역하는 자요 우매한 자요 배약하는 자요

무정한 자요 무자비한 자라 (로마서 1:28–31)

하나님의 뜻을 묻지 않고 내 뜻대로 살면서도 아무런 어려움이 없다면, 그것은 결코 안심할 일이 아닙니다. 어려움이 없다고 해서 넘어가서는 안 됩니다. 택함받은 하나님의 자녀답게 살지 못했던 죄를 회개해야 하나님이 주시는 복을 받을 수 있습니다. 부르심을 받은 하나님의 사역자답게 섬기고 헌신하지

못했던 죄를 회개해야 믿음의 기적이 일어납니다. 입으로만 하는 회개가 아니라 눈물을 흘리고 가슴을 치며 회개해야 합니다.

눈물은 하나님이 사랑하는 사람들에게 주신 아름다운 보석입니다. 눈물은 우리의 영혼을 맑게 합니다. 눈물은 그리스도인들의 마음과 생각 속에 자라는 잡초를 죽이는 제초제입니다. 눈물이 말랐다면 영혼도 마른 것입니다. 눈물이 말랐다면 믿음도 마른 것입니다. 눈물이 말랐다면 사랑도 마른 것입니다.

이제 우리는 다시 눈물을 흘려야 합니다. 우리 마음 가운데 있는 불의, 추악, 탐욕, 악의, 시기, 살인, 분쟁, 악독한 마음을 완전히 제거하는 진정어린 눈물을 흘려야 합니다. 더 나아가 하나님의 은혜 때문에, 예수님의 생명을 내어주신 사랑 때문에 울어야 합니다. 눈물은 우리의 영혼을 맑게 하는 생수입니다.

바꾸는 것이 회개이다

회개의 또 다른 뜻은 '마음을 바꾸다', '의견을 바꾸다'입니다. 대부분의 사람들은 알고도 마음을 바꾸지 않습니다. 깨닫고도 행동을 바꾸지 않습니다. 이것이 바로 죄입니다.

그러므로 사람이 선을 행할 줄 알고도 행하지 아니하면 죄니라 (야고보서 4:17)

알고 있는 대로 바꾸십시오. 깨달았으면 바꾸십시오. 생각을 바꾸고, 태도를 바꾸고, 습관을 바꾸고, 행동을 바꾸는 것이 진정한 회개입니다. 회개는 나의 말과 주장으로 증명하는 것이 아니라 합당한 열매로 증명하는 것입니다.

회개한 사람은 반드시 변화의 삶을 시작하게 되어 있습니다.

미국 캘리포니아 주州 샌프란시스코 만灣 가운데에는 '앨커트래즈'라는 작은 섬이 있었습니다. 일찍이 이 섬은 중범죄자들을 수감하는 교도소로 사용되었습니다. 섬에서 육지가 육안으로도 보일 정도였으니 육지로부터 그리 먼 거리가 아니었습니다. 그래서 많은 죄수가 감시의 눈을 피해 교도소를 탈출하려고 바다로 뛰어들었습니다. 그러나 섬을 굽이도는 급류 때문에 단 한 명도 탈출에 성공하지 못하고 모두 다 죽었습니다.

이 섬 해변에는 이런 푯말이 새겨져 있습니다.

"당신이 이 섬에서 나갈 수 있는 길은 도망가는 것이 아니라 당신 자신이 변화되는 것이다."

우리가 새롭게 되는 길도 마찬가지입니다. 강력하게 변화된 회개는 죄 사함을 받을 뿐 아니라 새롭고 축복된 날을 살게 합니다. 회개하지 않고 죄를 자기 머리에 쌓아 놓는 사람은 변화되기보다 섬에서 도망가려는 사람과 같습니다.

믿음은 성경 지식이 아니라, 삶의 결단입니다. 회개하고 변화의 삶을 시작하십시오. 우리의 삶을 진심으로 회개할 때, 영원한 천국의 황홀한 기쁨을 매일의 삶에서 풍성하게 누릴 수 있습니다.

미래를 꿈꾸는 나에게

1. 내 삶에서 결단하고 돌이켜야 할 부분이 있습니까?

2. 아직도 돌이키지 못하고 마음속에 품고 있는 죄가 있습니까?

3. 회개하여 비운 자리에 하나님의 은혜를 풍성히 채우는 그리스도인이 되기로 다짐합
   시다.

하나님의 뜻을 묻지 않고 내 뜻대로 살면서도 아무런 어려움이 없다면, 그것은 결코 안심할 일
이 아닙니다. 어려움이 없다고 해서 넘어가서는 안 됩니다. 택함받은 하나님의 자녀답게 살지
못했던 죄를 회개해야 하나님이 주시는 복을 받을 수 있습니다.

가진 것으로 충분하다

충분한
모자람이 없이 넉넉한

어떤 사람이 필립 얀시의 책을 인용해서 쓴 칼럼을 보았습니다. 한 수도원에 방문한 여행객이 수도승과 나눈 대화에 대한 내용이었습니다. 수도승은 방문객에게 이렇게 말했습니다.

"머무시는 동안 무엇이든지 필요한 것이 있으면 말씀해 주시오. 그러면 그것 없이 사는 법을 가르쳐 드리겠습니다."

참 묘한 이야기가 아닙니까? 이 이야기는 우리에게 깊은 영적 깨달음을 줍니다.

오늘날 많은 사람이 물질과 애정에 목말라하고 있습니다. 더 많이 사랑해 달라고, 더 많이 인정해 달라고, 더 많이 채워 달라고 아우성을 치고 있습니다. 지금 가진 것으로는 충분하지 않다고 여기기 때문입니다. 그러다 보니 감사보다는 불평이 생기고, 나눔의 자리에 나아가기까지도 시간이 걸립니다. '조금 더 벌어서 안정권에 들면, 조금 더 여유가 생기면' 그때 교회 사역이나 지역 봉사에 참여하겠다고 생각합니다. 심지어 하나님을 우리의 기도에 응답해 주시고, 우리의 필요를 채워 주시는 수단으로 여기기도 합니다.

　미국 역사상 최고의 부자로 꼽히는 존 록펠러는 한 사람을 행복하게 만들기 위해 얼마나 많은 돈이 필요하냐는 질문에 불후의 명답을 남겼습니다. "그저 조금만 더 있으면 됩니다."

　하지만 필요가 채워진다고 행복해지는 것이 아닙니다. 사도 바울의 고백처럼 자족하고, 나아가 하나님을 위해 목숨까지 드릴 때 행복해질 수 있습니다. 또한 지금보다 더 많이 가져야 하나님의 사역을 시작할 수 있는 게 아닙니다. 하나님은 내가 가진 것으로 일하시는 것이 아니라, 하나님의 능력으로 하나님의 일을 이루십니다.

하나님이 하신다

　사람들이 현재 자신의 위치와 소유에 만족하지 않는 이유는, 이루려는 것들이 '나의 비전'이기 때문입니다. 하나님이 나에게 원하시는 것은 묻지 않고, 내가 원하는 것을 위해 살아가기 때문입니다. 그러면서 내가 원하는 것을 이룬 후에 '하나님의 일'을 하겠다고 다짐합니다. 하지만 더 많이 가져야 무엇이든 시작할 수 있다는 생각은, 지극히 땅에 속한 생각입니다.

　필립 클라크 브루워의 시, '보리떡 다섯 개와 물고기 두 마리'는 우리에게 큰 깨달음을 줍니다.

하나님은 당신이 결코 가질 수 없는 것들을 채워 주시기 위해
당신이 가지고 있는 것을 사용하십니다.

하나님은 당신이 결코 갈 수 없는 곳으로 당신을 데려가시기 위해
당신이 서 있는 그곳을 사용하십니다.

하나님은 당신이 결코 할 수 없는 일을 이루시기 위해
당신이 할 수 있는 것을 사용하십니다.

하나님은 당신이 결코 될 수 없는 사람이 되게 하시기 위해
당신의 그 모습을 사용하십니다.

우리가 마땅히 가져야 할 비전과 소망은 먼 곳에 있지 않습니다. 문제는 우리가 하나님의 비전을 품지 않는 것입니다. 하나님의 자녀라면 하나님의 비전을 품고 그것을 향해 나아가야 하지 않겠습니까?

하나님의 비전은 바로 내 안에 있으며, 이미 내가 가지고 있는 것을 통해 이룰 수 있습니다. 내가 가지고 있는 것, 할 수 있는 것, 서 있는 그곳에서 최선으로 하나님을 섬기는 사람이 되십시오. 하나님의 비전을 이루기 위해서는 지금 우리가 가진 것만으로도 충분합니다.

이미 주신 것에 감사하라

하나님은 이미 우리에게 거저 받을 수 없는 귀한 것들을 선물로 주셨습니

다. 그것들을 기억할 때 우리는 가진 것으로 충분하게 살아갈 수 있을 뿐만 아니라 날마다 감사할 수 있습니다. 하나님이 우리에게 주신 것은 무엇입니까?

첫째, 하나님은 우리를 자녀로 삼아 주셨습니다.

> 또 무엇을 하든지 말에나 일에나 다 주 예수의 이름으로 하고 그를 힘입어 하나님 아버지께 감사하라 (골로새서 3:17)

왜 '주 예수를 힘입어 하나님께 감사하라'고 했을까요? 예수님은 고아처럼 버려진 우리를 존귀한 하나님의 자녀로 삼기 위해 친히 십자가에 달려 죽으셨기 때문입니다. 온갖 죄로 더러워진 우리를 구원하기 위해 하나님의 아들이면서 사람이 되어 세상에 오셨습니다. 이 얼마나 놀라운 은혜입니까? 누구든지 세상에 오신 예수님을 믿기만 하면 그 이름을 힘입어 하나님의 자녀가 되는 권세를 얻게 됩니다. 그러므로 더럽고 흠 많은 우리를 자녀로 택하신 하나님께 감사해야 합니다.

우리는 분명히 알아야 합니다. 하나님은 우리의 외모나 성격이나 삶의 배경과 상관없이 우리를 사랑하셔서 하나님의 자녀로 삼아 주셨습니다. 비천한 자, 죄의 종 되었던 자에서 하나님의 자녀로 신분이 상승한 것보다 더 큰 은혜가 어디 있습니까?

그런데 여기에 중요한 한 가지가 더 있습니다. 주님은 우리를 하나님의 자녀가 되게 하신 것에 머물지 않으셨습니다. 우리를 창조주 하나님의 모든 것을 상속받을 수 있는 상속자로 정해 놓으셨습니다.

내 사랑하는 형제들아 들을지어다 하나님이 세상에서 가난한 자를 택하사 믿음에 부요하게 하시고 또 자기를 사랑하는 자들에게 약속하신 나라를 상속으로 받게 하지 아니하셨느냐 (야고보서 2:5)

우리가 착하거나 잘나서가 아닙니다. 우리를 사랑하신 하나님의 전적인 은혜입니다. 이 은혜에 넘치게 감사하는 것이 가진 것으로 충분하게 사는 첫째 비결입니다.

둘째, 우리를 교회로 부르셨습니다.

그리스도의 평강이 너희 마음을 주장하게 하라 너희는 평강을 위하여 한 몸으로 부르심을 받았나니 너희는 또한 감사하는 자가 되라 (골로새서 3:15)

하나님은 우리를 자녀로 택하셨을 뿐만 아니라, 그리스도 안에서 한 몸 된 교회로 불러 주셨습니다. 우리는 이 사실에 감사해야 합니다.

신앙은 하나님과 나의 관계에서 시작해 교회 공동체로 완성됩니다. 교회는 교회 그 이상입니다. 교회는 하늘의 문을 여는 열쇠이고, 성도들을 축복하는 영적인 통로라는 사실을 명심해야 합니다.

예수님에 대한 믿음은 사망과 생명을 결정합니다. 그러나 교회는 우리가 하나님 자녀의 복을 누리느냐, 못 누리느냐를 결정합니다. 하나님은 교회를 통해 성도에게 복을 주시기 때문입니다. 신앙생활은 예수 그리스도 안에서 살고, 교회 안에서 행하는 것입니다.

> 찬송하리로다 하나님 곧 우리 주 예수 그리스도의 아버지께서 그리스도 안에서
> 하늘에 속한 모든 신령한 복을 우리에게 주시되 (에베소서 1:3)

하나님은 하늘에 속한 모든 신령한 복을 우리에게 주신다고 말씀하십니다. 그리고 그 복은 하나님이 세우신 교회를 통해 전해집니다.

> 또 만물을 그의 발 아래에 복종하게 하시고 그를 만물 위에 교회의 머리로 삼으셨
> 느니라 교회는 그의 몸이니 만물 안에서 만물을 충만하게 하시는 이의 충만함이
> 니라 (에베소서 1:22-23)

하나님은 교회 공동체를 통해 하나님의 자녀들이 하늘의 복을 현실에서 누리게 하십니다. 그렇기 때문에 우리는 반드시 교회에 소속되어야 합니다.

그리스도의 몸된 교회로 부르신 하나님께 감사하십시오. 교회는 하나님이 우리에게 주신 가장 큰 선물이며, 영적인 통로입니다. 나아가 교회가 교회다울 수 있도록 사랑하고 섬기십시오. 건강한 교회가 되도록 헌신하는 것은 하나님의 자녀가 누리는 복입니다.

신앙생활을 하면서도 내 손에 있는 것을 살피며 불평하고 자꾸 실족하는 이유는, 하나님이 우리를 자녀로 택하신 것과 교회로 부르신 의미를 제대로 알지 못하기 때문입니다.

범사에 감사

마귀는 늘 '조금만 더'라는 말로 유혹합니다. 조금만 더 가진 후에 나누고 베

풀어도 괜찮다고 속삭입니다. 또 주변 사람과 비교하게 하여 질투로 몸살을 앓게 합니다. 만족과 감사의 순간을 지연시키는 것입니다.

우리는 이러한 유혹을 단호하게 거절해야 합니다. 그리고 다시 확인해야 합니다. 영원히 죽을 수밖에 없는 나를, 어둠 속에서 길을 잃고 헤맬 수밖에 없던 나를 자녀 삼아 주신 하나님의 사랑을 기억해야 합니다. 또 하늘의 신령한 복을 받도록 교회 공동체로 불러 주신 은혜를 떠올려야 합니다. 그러면 알게 됩니다. 우리는 이미 가장 큰 선물을 받은 특별한 존재라는 것과 우리에게는 나눌 것이 충분히 많다는 것을 말입니다. 하나님의 그 은혜와 사랑 앞에서 우리가 할 수 있는 것은 오직 감사뿐입니다.

> 범사에 감사하라 이것이 그리스도 예수 안에서 너희를 향하신 하나님의 뜻이니라
> (데살로니가전서 5:18)

이미 주신 것에 대한 감사는 신앙생활의 복을 마음껏 누리도록 만드는 열쇠입니다. 하나님이 주신 것에 감사하며 내가 가진 것들을 최선을 다해 사용할 때, 하나님은 나에게 하나님의 비전을 심어 주시고, 그것을 이루실 것입니다. 그런 삶의 여정에서 우리는 하나님과 동행하는 행복과 기쁨을 경험할 수 있습니다.

어떤 신학자의 말처럼 생활living은 버는 것으로 이루어지지만, 삶life은 베푸는 것으로 이루어집니다. 나누는 것을 미루지 마시기 바랍니다. 감사의 순간을 늦추지 마시기 바랍니다. 우리는 이미 충분히 가진 자들입니다. 만일 그리스도 한 분만으로 충분하지 않다면 그 어떤 것이 우리에게 만족을 주겠습니까?

미래를 꿈꾸는 나에게

1. 나는 내가 가진 것에 얼마만큼 만족하며 살아가고 있습니까?

2. 삶을 계획할 때 '나눔'을 생각합니까? 만약 그렇지 않다면 그 이유는 무엇입니까?

3. 나눌 때 밀려오는 행복을 맛본 적이 있습니까? 나눔을 계속 실천할 수 있도록 다짐합
   시다.

하나님의 비전은 바로 내 안에 있으며, 이미 내가 가지고 있는 것을 통해 이룰 수 있습니다. 내가 가지고 있는 것, 할 수 있는 것, 서 있는 그곳에서 최선을 다해 하나님을 섬기는 사람이 되십시오. 하나님의 비전을 이루기 위해서는 지금 우리가 가진 것만으로도 충분합니다.

아직 끝이 아니다

끝

1. 시간, 공간, 사물 따위에서 마지막 한계가 되는 곳
2. 긴 물건에서 가느다란 쪽의 맨 마지막 부분

은행에 갔을 때 창구 맨 끝에 커다란 어항 하나가 있었습니다. 이름을 알 수 없는 물고기들이 창문 틈으로 쏟아지는 빛을 받으며 한가롭게 노닐고 있었습니다. 형형색색의 아름다운 물고기들의 모습에 은행에 온 사람들은 한 번씩 어항 앞에 서 있다 가곤 했습니다.

아마도 물고기들은 어항이 세상의 전부라고 생각할 것입니다. 조금만 차를 타고 달리면, 끝없이 펼쳐진 넓고 푸른 바다가 있다는 것은 상상조차 하지 못할 것입니다. 좁은 어항 속에서 자신들을 바라보는 사람들에게 부드러운 몸짓을 자랑하는 것이 물고기들이 사는 의미일지도 모릅니다. 작은 어항 속에서 겨우 몇 마리의 물고기들끼리 경쟁하는 것이 삶의 전부라고 생각하고 있을지도 모릅니다.

은행 밖으로 나오면서 우리의 모습과 하나님의 마음을 생각했습니다. 우리라고 크게 다르겠습니까? 하나님은 우리에게 광활한 바다를 주셨는데, 우리는 지금 서 있는 자리가 전부인 것처럼 살아가고 있을 때가 많습니다. 어떤 사람은 다른 몇 사람보다 잘살고 있다고 만족합니다. 그러다 작은 고난이 오면 마치 세상이 끝난 것처럼 좌절합니다. 일이 조금 잘 풀리고 사람에게 인정받으면 우쭐거리고, 실패를 경험하고 사람으로부터 외면당하면 마치 내일이 없는 것처럼 낙심합니다. 그런 우리를 보시는 하나님의 마음은 어떠시겠습니까?

소망으로 사는 삶

예수님이 십자가 위에서 돌아가셨을 때 그것을 지켜보던 사람들은, 심지어 예수님의 제자들도 모든 것이 끝났다고 생각했습니다. 하지만 끝난 것 같았으나 끝난 것이 아니었습니다. 망한 것 같았으나 망한 것이 아니었습니다. 실패한 것 같았으나 실패한 것이 아니었습니다. 죽은 것 같았으나 죽은 것이 아니었습니다. 예수님은 죽음의 권세를 이기고 다시 살아나셨습니다. 악한 영의 세력을 모두 물리치셨습니다. 전혀 가망 없는 상황에서 위대한 승리를 보여 주셨습니다. 부활은 이런 위대한 승리의 확실한 증거입니다.

부활하신 주님이 나의 주님이 되시는 한 내가 서 있는 자리는 끝이 아닙니다. 하나님은 우리를 넘어진 채로 버려두지 않으시고 반드시 다시 일으켜 세워 주시는 분입니다. 비록 사람들이 보기에는 죽은 것 같으나 하나님께는 살아있는 것입니다. 그래서 믿음은 소망입니다.

시편 기자는 낙심될 때 하나님을 기억했습니다.

내 하나님이여 내 영혼이 내 속에서 낙심이 되므로 내가 요단 땅과 헤르몬과 미살

산에서 주를 기억하나이다 (시편 42:6)

헤르몬 산은 이스라엘 모든 물의 원천입니다. 그래서 시편 기자는 헤르몬 산을 생각하며 오직 하나님만이 생명의 근원이 되신다고 찬양하고 있는 것입니다.

살면서 근심되는 일이 많고, 아무리 암울하다고 해도 생명의 주인이신 하나님께 소망을 둔다면, 그런 사람에게 실패란 없습니다. 생명의 하나님이 반드시 살리실 것이기 때문입니다. 예수님의 십자가 죽음만큼 변명할 여지없이 확실한 끝을 부활의 새로운 소망으로 바꾸신 하나님이 아닙니까? 그래서 하나님을 믿는다는 것은 곧 소망으로 사는 삶입니다.

간절함이 복이 되고 절박함이 기적이 되고

2015년 통계청이 약 3만 9천 명을 대상으로 자신의 경제적 위치를 어떻게 생각하고 있는지 조사를 했습니다. 소득, 직업, 교육, 재산 등을 고려한 경제적 지위에 대한 인식은 상층이 2.4%, 중간층은 53%, 하층은 44.6%였습니다. 국민의 절반가량이 자신은 경제적인 하층이라고 생각하고 있는 것입니다.

우리의 현재 삶을 돌아보고 미래를 내다보면 불안한 것이 사실입니다. 부채는 줄어들 기미가 없고, 물가는 계속 오릅니다. 경제적인 문제뿐만이 아닙니다. 사회적인 분위기도 암울하기만 합니다. 도무지 희망을 찾을 수 없을 것 같아 두려움이 엄습합니다.

그런데 이와 같은 마음은 현대를 살아가는 우리에게만 있는 것이 아닙니

다. 성경에 등장하는 많은 사람도 여러 가지 이유로 두려움이나 비참함을 경험했습니다. 대표적인 인물이 다윗입니다. 그는 아들 압살롬에게 쫓기며 참담한 상황 가운데 처한 적이 있었습니다.

사람들이 종일 내게 하는 말이 네 하나님이 어디 있느뇨 하오니 내 눈물이 주야로 내 음식이 되었도다 내가 전에 성일을 지키는 무리와 동행하여 기쁨과 감사의 소리를 내며 그들을 하나님의 집으로 인도하였더니 이제 이 일을 기억하고 내 마음이 상하는도다 (시편 42:3-4)

그럼에도 불구하고 다윗은 이렇게 고백했습니다.

내 영혼아 네가 어찌하여 낙심하며 어찌하여 내 속에서 불안해 하는가 너는 하나님께 소망을 두라 그가 나타나 도우심으로 말미암아 내가 여전히 찬송하리로다 (시편 42:5)

소망을 하나님께 두라는 것입니다. 왜냐하면 하나님은 낙심과 절망의 하나님이 아니라, 기쁨과 희망의 하나님이시기 때문입니다. 죽음과 사망의 하나님이 아니라, 생명과 영생의 하나님이시기 때문입니다. 우리의 힘과 능력이 되시는 하나님께 소망을 둘 때, 낙심하며 불안해할 필요가 없습니다.

아무리 힘과 능력이 있는 사람이라고 해도, 또는 그런 사람과 아주 친밀한 관계를 유지하고 있다고 해도 그것은 우리의 소망이 될 수 없습니다. 사람의 능력은 한계가 있고, 사람은 자신의 유익에 따라 믿음을 저버리기도 하며 거짓말도 하기 때문입니다. 하지만 하나님은 그렇지 않으십니다. 하나님은 하나님께 소망을 둔 사람을 결코 떠나지 않으십니다.

> 야곱의 하나님을 자기의 도움으로 삼으며 여호와 자기 하나님에게 자기의 소망을
> 두는 자는 복이 있도다 (시편 146:5)

불안하고, 두렵고, 힘들다면, 바로 그때가 하나님께 소망을 두고, 하나님께 나아갈 때입니다. 하나님을 만날 만한 때에 찾으십시오. 간절함이 복이 되고 절박함이 기적이 될 것입니다. 우리 삶에서 하나님이 가장 필요한 순간에 도리어 하나님을 멀리하고, 하나님을 떠나고, 하나님을 버리는 어리석은 자가 되지 말아야 합니다.

> 아무 것도 염려하지 말고 다만 모든 일에 기도와 간구로, 너희 구할 것을 감사함
> 으로 하나님께 아뢰라 그리하면 모든 지각에 뛰어난 하나님의 평강이 그리스도
> 예수 안에서 너희 마음과 생각을 지키시리라 (빌립보서 4:6-7)

하나님께 소망을 두면, 하나님이 우리의 마음과 생각을 지켜 주실 것입니다. 우리는 반드시 기억해야 합니다. 하나님이 끝이라고 하실 때까지는 절대로 끝이 아닙니다. 하나님은 마지막에 웃게 하시는 분입니다.

아직 끝이 아니다
지금 서 있는 자리가 끝이 아니라는 것은 고난을 만났을 때 낙심하지 말라

는 의미만이 아닙니다. 인정받고 칭찬받을 때 교만하지 말라는 뜻이기도 합니다. 일이 잘되고 좋은 결실을 맺을 때, 우리는 하나님의 은혜에 감사하며 겸손해야 합니다. 그 또한 끝이 아니기 때문입니다.

교만은 사탄이 좋아하는 삶의 태도이자 하나님이 싫어하시는 마음입니다. 하나님을 무시하면서 건방지게 우쭐대는 인생을 살다가는 우리가 상상할 수 없을 만큼 크고 무서운 하나님의 벌을 감당해야 합니다.

그래서 우리는 신앙생활을 제대로 하고 있는지 고민해야 합니다. 아직 끝이 아니기에, 잘못된 것들은 버리고 새롭게 신앙을 세우는 기회로 삼아야 합니다.

> 그러므로 누구든지 나의 이 말을 듣고 행하는 자는 그 집을 반석 위에 지은 지혜
> 로운 사람 같으리니 비가 내리고 창수가 나고 바람이 불어 그 집에 부딪치되 무너
> 지지 아니하나니 이는 주추를 반석 위에 놓은 까닭이요 나의 이 말을 듣고 행하지
> 아니하는 자는 그 집을 모래 위에 지은 어리석은 사람 같으리니 비가 내리고 창수
> 가 나고 바람이 불어 그 집에 부딪치매 무너져 그 무너짐이 심하니라
> (마태복음 7:24-27)

집터가 무너지면 그 위에 지은 집이 무너지는 것처럼, 믿음의 터 위에 인생을 세우지 않으면 아무리 애를 써도 우리의 삶은 헛것이 됩니다. 정말 열심히 치열하게 살았는데 그것이 헛된 인생, 잘못된 삶이라면 얼마나 억울하겠습니까? 미지근한 신앙생활을 중단하고 참 믿음으로 살기를 결단하십시오. 세상 사람들처럼 언젠가 무너질 모래 위에 인생을 세우지 말고, 반석이신 예수님을

향한 믿음 위에 인생을 세워야 합니다. 하나님께 소망을 두는 인생을 살아야 합니다.

살다 보면 고독할 때가 참 많습니다. 낭떠러지 끝에 서 있는 것처럼 아슬아슬한 마음으로 순간을 버틸 때도 있습니다. 그러나 하나님은 우리를 통촉하십니다. 하나님은 우리가 사는 것을 다 보고 계시고, 알고 계십니다. 그리고 우리가 하나님에 대한 간절함과 절박함으로 하나님께 나아갈 때, 하나님은 우리의 소망이 되어 주십니다.

미래를 꿈꾸는 나에게

1. 낙심되고 힘든 일이 생겼을 때 누구에게 마음을 열고 의지합니까?

2. 아직 끝이 아니라는 것이 나에게 주는 깨달음은 무엇입니까?

3. 미지근한 신앙생활을 열정적으로 바꾸기 위한 작은 실천을 계획해 봅시다.

부활하신 주님이 나의 주님이 되시는 한 내가 서 있는 자리는 끝이 아닙니다. 하나님은 우리를 넘어진 채로 버려두지 않으시고 반드시 다시 일으켜 주시는 분입니다. 비록 사람들이 보기에는 죽은 것 같으나 하나님께는 살아있는 것입니다.

하나님을 인정하다

인정하다

1. 확실히 그렇다고 여기다

2. 〈법률〉국가나 지방 자치 단체가 어떤 사실의 존재 여부나

   옳고 그름을 판단하여 결정하다

지금 어떤 삶을 살아가고 있습니까? 연초에 세운 연간 계획은 잘 이루고 있습니까? 긴 인생길에서 이루기로 정해 놓은 목표를 순차적으로 완수하며 살아가고 있습니까? 혹 매일 당면하는 일상 가운데 노력한 만큼 결과가 나오지 않아 실망하고 있지는 않습니까? 자식으로서, 부모로서, 직장인으로서, 그리스도인으로서, 부끄러운 삶을 살고 있지는 않습니까?

생존과 생사의 위기, 가족과 건강, 사명의 위기 등 인생은 기회보다는 위기의 연속입니다. 그때마다 사람들은 자신을 자책하며 실망하곤 합니다. '내가 이것밖에 안 되었나? 내가 겨우 이런 사람이었나?' 그런데 많은 사람이 이런 자신의 연약함과 무능함을 숨기고 '센 척', '태연한 척'하며 살아갑니다. 마치 아담이 무화과나뭇잎으로 자신의 허물을 숨겼듯이 말입니다. 하지만 무화과나뭇잎은 결국 말라버리기 마련입니다. 연약함을 감추고 있던 가면이 제거될 때, 우리는 아담과 하와처럼 어디론가 숨거나 도망치고 싶어 합니다. 모든 것을 포기하고 싶고 믿음으로 사는 것에 대한 회의가 들기도 합니다. 영적인 위기, 믿음의 위기가 찾아오는 것입니다. 그러나 하나님은 위기를 새로운 기회로 바꾸시는 분입니다. 그 은혜를 입으려면 어떻게 해야 할까요?

나의 연약함을 인정해야 한다

엘리야는 우상을 섬기는 선지자 팔백오십 명과 대결하여 하나님이 살아계신 것을 온 이스라엘에 보였습니다. 그러나 그 엄청난 기적의 현장에서 당당하게 맞섰던 믿음의 태도와 어울리지 않게 곧 두려움에 떨며 도망합니다. 이세벨이 자신을 죽이려고 한다는 소리를 들었기 때문입니다. 호렙 산 굴에 숨어 있는 그에게 하나님이 물으십니다. "네가 어찌하여 여기 있느냐?" 그러자 엘리야는 대답합니다.

> 그가 대답하되 내가 만군의 하나님 여호와께 열심이 유별하오니 이는 이스라엘 자손이 주의 언약을 버리고 주의 제단을 헐며 칼로 주의 선지자들을 죽였음이오며 오직 나만 남았거늘 그들이 내 생명을 찾아 빼앗으려 하나이다 (열왕기상 19:10)

그의 말을 자세히 살펴보면 반복되는 말이 있습니다. 바로 '내가', '나만', '내 생명을'입니다. 엘리야는 자신이 하나님을 위해 열심을 냈지만 그 결과가 생명의 위협이라는 이유로 하나님께 항변하고 있습니다. 그런데 갈멜산에서 믿음의 능력을 경험한 것이 엘리야의 기도 때문입니까? 엘리야의 능력으로 이루어진 일입니까? 아닙니다. 하나님이 엘리야를 사용하여 하신 일입니다. 그런데도 엘리야는 '내가, 나만, 내 생명'을 주장하며 자신의 공로 의식을 드러내고 있습니다. 이것이 바로 믿음으로 담대하던 그의 마음에 두려움이 자리 잡게 된 이유입니다. 믿음의 위기는 하나님으로부터 시작되는 것이 아니라, 교만한 나의 생각으로부터 시작됩니다.

우리는 인생의 주어를 바꿔야 합니다. 지금까지 승승장구했다면 내 능력과 내 방법으로 한 것이 아니라 하나님께서 그분의 능력, 그분의 방법으로 하신 것입니다. 영적 우월감과 공로 의식을 버리십시오. 영적인 교만을 버리고 다시 하나님 앞에 무릎을 꿇으십시오. 우리를 망가뜨리는 것은 어려운 경제 환경이나, 병든 몸과 같은 외부적인 조건에 있는 것이 아닙니다. 내 안에 살아있는 자존심과 자만심 때문입니다. 위기가 닥쳐왔을 때, 이를 극복하려면 먼저 나를 인정해야 합니다. 하나님의 은혜와 도우심이 아니면 아무것도 할 수 없는 '무능하고 연약한 나'임을 인정해야 합니다.

"닭 울기 전에 네가 세 번 나를 부인할 것"이라고 말씀하시는 예수님 앞에서 "내가 주와 함께 죽을지언정 주를 부인하지 않겠다."라고 강하게 주장하던 자신만만한 베드로는 두려움으로 예수님을 세 번이나 부인합니다. 그리고 그때야 비로소 자신의 연약한 실체를 확인했고, 한없이 연약하고 부족한 자신을 사랑하시는 예수님을 만나게 되었습니다.

다윗은 자신의 연약함을 깨닫게 해 달라고 하나님께 기도했습니다. 자신의 연약함을 아는 것이 하나님의 위대함을 더욱 사모하고, 그 길만이 하나님의 은혜 안에서 살아가는 방법임을 알았기 때문입니다.

여호와여 나의 종말과 연한이 언제까지인지 알게 하사 내가 나의 연약함을 알게
하소서 (시편 39:4)

우리는 우리의 연약함과 무능함과 부족함을 인정해야 합니다. 나의 힘과
능력으로는 인생의 문제를 해결할 수 없다는 것을 알아야 합니다. 주님이 덮
으시는 가죽옷인 십자가 은혜를 입어야 인생의 위기를 극복할 수 있습니다.

하나님의 긍휼하심과 능력을 인정해야 된다
하나님은 천사를 보내셔서 영적 우울증에 빠진 엘리야를 위로하셨습니다.

로뎀 나무 아래에 누워 자더니 천사가 그를 어루만지며 그에게 이르되 일어나서
먹으라 하는지라 (열왕기상 19:5)

'어루만지다'라는 표현에서 엘리야를 향한 하나님의 다정하고 따뜻한 마음
을 느낄 수 있습니다. 엘리야는 친히 찾아와 위로하시는 하나님을 통해 다시
일어설 수 있었습니다. 하나님은 우리가 연약하다는 것뿐만 아니라 우리의 마
음과 생각과 환경을 다 아십니다. 그리고 그런 우리에게 다시 일어설 힘을 주
십니다.

살다 보면 힘들어 포기하고 싶을 때가 있습니다. 가정을 포기하고, 꿈을 포
기하고, 심지어 인생을 포기하고 싶을 때도 있을 것입니다. 그런 순간마다 하
나님은 우리를 찾아오셔서 힘없이 늘어진 어깨를 다독이십니다. 그리고 말씀
하십니다.

"너는 내가 십자가의 고통으로 낳은 내 자녀다. 내가 너를 도울 것이다. 내가 너와 함께 있을 것이다. 내가 너에게 능력을 줄 것이다. 합력해 선을 이루게 할 것이다."

다윗은 그동안 겪은 수많은 문제와 고난과 역경을 통해 도우시는 능력의 하나님을 경험했습니다. 그래서 '나의 힘이신 하나님'이라고 찬양합니다.

> 여호와는 나의 반석이시요 나의 요새시요 나를 건지시는 이시요 나의 하나님이시요 내가 그 안에 피할 나의 바위시요 나의 방패시요 나의 구원의 뿔이시요 나의 산성이시로다 내가 찬송 받으실 여호와께 아뢰리니 내 원수들에게서 구원을 얻으리로다 (시편 18:2-3)

전능하신 하나님은 모든 것이 가능하십니다. 하나님은 도움이 필요한 자들이 피할 수 있는 바위가 되어 주십니다. 물에 빠진 것처럼 절박한 이들을 건져 주십니다. 원수로부터 우리를 안전하게 지켜 주시는 요새와 산성이 되어 주십니다. 어떤 위험한 상황 속에서도 우리를 건져 주시는 구원의 뿔이 되어 주십니다.

사람들은 흔히 권력, 명예, 부와 같은 것이 힘이라고 생각하고, 그것이 자신의 인생을 책임져 줄 것이라고 생각합니다. 그래서 유명하거나 힘 있는 사람과 가까워지려 하고 높은 지위에 오르거나 더 많은 돈을 벌기 위해 노력합니다. 그러나 돈에 인생을 건 발람은 저주를 받았습니다. 예수님보다 돈을 더 사랑한 가롯 유다의 삶은 죽음으로 끝났고, 하나님보다 세상을 더 사랑한 데마의 말로는 비참했습니다.

오직 하나님만이 우리가 필요로 하는 모든 것이 되십니다. 우리가 우리의 한계를 인정하고, 전능하신 하나님을 신뢰하면 하나님은 우리의 가능성이 되어 주십니다. 하나님의 능력을 믿으면, 우리를 책임져 주십니다. 다윗은 그 사실을 알았기에 하나님을 '나의 산성, 나의 요새, 나의 바위, 나의 방패, 나의 하나님'이라고 고백하는 것입니다. 여기서도 '나의'라는 단어가 반복되는 것을 주목할 필요가 있습니다. 다윗은 전능하신 하나님, 도움이 필요한 자를 도우시고 피난처가 되시는 하나님이 다른 사람의 하나님이 아니라, '나의 하나님'이심을 말하고 있습니다.

하나님은 '나'를 위해 세상에 오셨습니다. 하나님은 '나'에게 복을 주십니다. 하나님은 '나'를 위해서 아들을 내놓으셨습니다. 우리는 다른 누군가가 아닌 '나'를 향한 하나님의 긍휼하심과 능력을 인정해야 합니다.

하나님의 능력을 오해하지 말라

우리는 내가 살고 있는 시대의 일밖에 알 수 없지만, 하나님은 시공간을 초월하시는 창조주이십니다. 온 우주와 전 인류를 만드신 하나님은 모든 시대의 하나님이십니다.

> 나는 아브라함의 하나님이요 이삭의 하나님이요 야곱의 하나님이로라 하신 것을 읽어 보지 못하였느냐 하나님은 죽은 자의 하나님이 아니요 살아 있는 자의 하나님이시니라 하시니 (마태복음 22:32)

그러므로 우리는 내 지식과 내 경험의 수준에서 그분을 판단해서는 안 됩니다. 내가 가진 능력으로 하나님의 능력을 제한하지 말아야 합니다. 그분은 모든 것을 할 수 있으며, 그분에게는 모든 것이 가능합니다. 그뿐만 아니라 하나님은 자신을 믿는 사람들에게도 모든 것이 가능하도록 하셨습니다.

내게 능력 주시는 자 안에서 내가 모든 것을 할 수 있느니라 (빌립보서 4:13)

능력의 하나님이 나의 하나님이십니다. 나의 연약함을 인정하고 나와 함께하시는 하나님의 일하심을 바라볼 때 우리 또한 믿음으로 모든 것을 할 수 있습니다. 지치고 힘들 때 나를 위로하시는 하나님의 따뜻한 손길을 기억하십시오. 나를 일으키시는 그 강한 손길을 의지할 때, 우리는 언제라도 다시 시작할 수 있습니다. 하나님은 위기를 새로운 기회로 바꾸시는 분입니다.

미래를 꿈꾸는 나에게

1. 나는 위기의 순간에 무엇을 의지합니까?

2. 나의 실패나 연약함을 통해 하나님께서 영광을 받으셨던 경험이 있습니까?

3. 하나님의 계획보다 내 생각이 앞서 있지는 않습니까? 하나님의 뜻과 음성에 조용히 귀를 기울여 봅시다.

오직 하나님만이 우리가 필요로 하는 모든 것이 되십니다. 우리가 우리의 한계를 인정하고, 전능하신 하나님을 신뢰하면 하나님은 우리의 가능성이 되어 주십니다. 하나님의 능력을 믿으면, 우리를 책임져 주십니다.

방법이 아닌 목적을 붙들다

목적

실현하려고 하는 일이나 나아가는 방향

몇 해 전, 로또 1등 당첨자가 5년 만에 사기꾼으로 전락했다는 기사를 읽었습니다. 소액 주식투자를 하며 근근이 살아가던 그는 매주 복권을 사며 인생한 방을 노리다가 실제로 2003년에 로또 1등에 당첨됩니다. 전 회차에서 1등 당첨자가 나오지 않아 이월된 금액까지 더해 총 242억 원이라는 천문학적인 금액을 받게 됩니다. 세금을 떼고도 189억 원이라는 거금이 손에 들어온 그는 아파트를 마련하고 지인들의 사업에도 적극적으로 투자했습니다. 가족과 친지들에게는 20억 원을 무상으로 증여하기도 했습니다. 더 큰 부자가 되기 위해 주식에도 한 번에 수십 억 원을 투자했습니다. 그러나 무리한 주식투자는 5년 만에 그를 빈털터리로 만들었습니다. 그는 또 한 번의 인생역전을 노리며 아파트를 담보로 사채를 빌려 썼지만, 오히려 1억이 넘는 빚만 얻게 되었습니다. 그 후 그는 온라인상에서 자신을 '펀드 전문가'로 홍보하며 투자금을 받아

냈지만, 그 돈을 갚지 못해 투자자로부터 사기혐의로 고소를 당하고, 찜질방 아르바이트 등을 하며 도피생활을 해 오다 체포된 것이었습니다.

그가 불행해진 이유는 방법인 돈을 목적으로 삼았기 때문입니다. 비단 돈뿐만이 아닙니다. 결코 목적이 될 수도, 되어서도 안 되는 수단과 방법을 목적으로 삼게 되면, 사람은 괴로운 인생을 살 수밖에 없습니다.

나를 지으신 목적

문제가 생기면 사람들은 방법을 찾습니다. '어떻게 살 수 있을까?', '어떻게 풀 수 있을까?', '어떻게 하면 잘 될 수 있을까?' 그러나 우리가 가장 먼저 찾아야 하는 것은 방법이 아니라 목적입니다. 목적이 바로 서지 않으면, 그 어떤 방법으로도 문제를 제대로 해결할 수 없습니다. '어떻게'보다 더 중요한 것은 '왜 하느냐'입니다.

사람이 불행해지는 이유 중 하나는 삶의 방향을 잘못 잡거나 창조 목적대로 살지 않기 때문입니다. 우리는 하나님을 섬기는 삶 속에서 행복하도록 계획된 존재입니다. 그런데 그 목적대로 살지 않으니 삶이 망가지고 행복이 사라지는 것입니다.

> 그가 모든 사람을 대신하여 죽으심은 살아 있는 자들로 하여금 다시는 그들 자신을 위하여 살지 않고 오직 그들을 대신하여 죽었다가 다시 살아나신 이를 위하여 살게 하려 함이라 (고린도후서 5:15)

예수님은 모든 사람을 위해 십자가를 지셨습니다. 따라서 모든 사람은 그분을 위하여 살아가야 합니다. 하지만 사람들은 주님을 위해 살지 않고, 여전히 자신의 욕심에 따라 살면서 행복해지기 위해 노력합니다. 가끔은 그런 삶이 괜찮아 보일 수도 있습니다. 오히려 세상이 주는 즐거움이 커서 주변 사람들의 부러움을 살 수도 있습니다. 그러나 근본적으로 목적에 대한 문제를 해결하지 않으면 삶은 혼란을 벗어날 수 없습니다.

행복해지기 위해서는 내가 추구하는 길과 내게 부여한 하나님의 목적이 부딪칠 때 하나님의 뜻을 따라야 합니다. 하나님의 뜻을 겸손히 받아들여야 합니다. 인간적인 눈으로 보았을 때, 손해처럼 보일 수도 있고 바보 같다는 이야기를 들을 수도 있습니다. 하지만 하나님이 우리에게 주신 삶의 목적을 따를 때, 그분의 능력이 우리의 삶을 원래대로 회복합니다. 영적 회복만이 우리에게 진정한 행복을 줍니다.

새로운 피조물로서의 복과 권세를 누리기 원하십니까? 문제를 해결할 방법을 찾지 말고, 살아갈 목적을 분명히 하십시오. 우리가 인생의 목적을 확실히 하면 하나님은 방법을 마련하십니다. 인생이 힘든 결정적인 이유는 삶의 목적과 방법이 뒤바뀌었기 때문입니다. 많은 그리스도인에게 예수님이 자신들의 욕심을 위한 수단과 방법이 되었습니다. 예수님을 목적이 아니라 수단으로 삼는 기복신앙은 우리 인생을 더 꼬이게 만듭니다.

기적의 목적

하나님이 우리를 지으신 목적은 하나님이 베푸신 기적을 통해서도 드러납니다. 성경을 읽어 보면, 구약 시대나 신약 시대나 동일하게 하나님의 기적에는 동일한 목적이 있었습니다. 바로 하나님이 하나님 되심을 나타내시고, 우리가 그 하나님을 세상의 주인이자 내 인생의 주인으로 인정하게 하기 위해서입니다.

> 너는 지팡이를 들고 바다 위로 너의 팔을 내밀어, 바다가 갈라지게 하여라. 그러면 이스라엘 자손이 바다 한가운데로 마른 땅을 밟으며 지나갈 수 있을 것이다. … 내가 바로와 그의 병거와 기병들을 물리치고서 나의 영광을 드러낼 때에, 이집트 사람은 비로소 내가 주님임을 알게 될 것이다 (출애굽기 14:16-18, 표준새번역).

예수님이 물고기 두 마리와 떡 다섯 개로 많은 사람을 먹이신 것도, 단순히 백성들의 허기를 달래기 위한 일회적이고 일차원적인 목적 때문이 아니었습니다. 예수님이 행하신 일을 보고 백성들이 하나님 나라를 갈망하고, 하나님을 더 깊이 알고자 사모하기를 기대하신 것입니다. 그러나 사람들은 하나님 나라를 갈망하기보다는 예수님을 붙잡아 이 땅의 임금으로 세우려 했습니다. 기적의 본질과 목적을 이해하는 대신, 기적의 현상과 당장의 어려움을 해결해 주는 기적이라는 방법을 택한 것입니다.

예수님이 오병이어 기적 이후 '생명의 떡'에 대해 말씀하시자 많은 사람이 예수님을 떠났습니다. 사람들은 예수님이 누구신지, 왜 이 땅에 오셨는지보다 예수님이 가진 능력에 관심이 있었기 때문이었습니다. 구약 시대의 이스라엘 백성들도 광야에서 많은 기적을 경험했지만, 기적을 경험한 순간의 감사는 지속되지 않았습니다. 결핍이 있을 때마다 인내하지 못하고 하나님을 원망했습니다. 그래서 하나님의 마음을 아프게 하고, 오래 참으신 하나님이 결국 심판을 결심하시도록 했습니다. 이러한 성경의 이야기를 통해 알 수 있는 것은 우리의 삶을 바꾸는 것은 기적이 아니라는 것입니다.

하나님의 기적과 복은 신앙의 목적이 아니라 방법입니다. 방법을 목적으로 바라보고 추구하게 되면 결국 불행해집니다.

하나님의 뜻 분별하기

세상은 다양한 형태로 우리를 혼란스럽게 합니다. 특히 이 시대는 무엇이 옳은지, 어떤 것이 최선인지 더욱 분별하기 어렵습니다. 무엇이 진짜고 가짜인지, 누가 바르고 그른지를 분별하기도 어렵습니다. 말씀을 듣고 기도할 때는 분명하게 느껴지다가도, 교회를 벗어나면 넘치도록 듣는 '어떻게' 살아야 할 것인지, '왜' 그렇게 살아야 하는지에 대한 이야기에 우리는 흔들립니다. 그래서 성경은 세상의 소리를 따르지 말고 하나님의 뜻을 분별하라고 말씀합니다.

너희는 이 세대를 본받지 말고 오직 마음을 새롭게 함으로 변화를 받아 하나님의 선하시고 기뻐하시고 온전하신 뜻이 무엇인지 분별하도록 하라 (로마서 12:2)

영적 분별력을 위해 우리에게 필요한 것은 지혜입니다. 그리고 그 지혜대로 살기 위해서 우리는 마음과 생각을 지켜야 합니다. 성경은 우리가 지켜야 할 것 중에서 가장 중요한 것이 마음과 생각이라고 말씀합니다.

모든 지킬 만한 것 중에 더욱 네 마음을 지키라 생명의 근원이 이에서 남이니라 (잠언 4:23)

살다 보면 흔들리지 말아야 하는데 흔들리고, 굳건히 서 있어야 하는데 무너집니다. 당장 변해야 하는데 자꾸 미루게 됩니다. 내 마음이 내 마음대로 되지 않는 것입니다. 마음이 얼마나 손에 잡히지 않는지 이미 많이 경험해 보지 않았습니까? 하지만 내가 나를 제대로 다루지 않으면 해결책은 없습니다. 마음이 새로워지지 않으면 인생은 절대로 바뀌지 않습니다.

마음을 지키는 방법은 하나입니다. 믿음으로 생각하고, 믿음으로 반응하고, 믿음으로 실천하는 것입니다. 의미 있고 가치 있는 인생을 사는 비결은 하나님의 목적대로 사는 것이라는 믿음을 붙들어야 합니다.

우리가 입술로는 예수님을 주님이라고 말하면서도, 정작 우리가 주인인 삶을 살고 있습니다. 하나님을 위해 산다고 말하면서도, 하나님을 방법 삼아 나를 위해 살고 있습니다. 이것저것 많은 방법을 동원한 후에도 답이 보이지 않을 때 비로소 하나님께 무릎 꿇는 경우가 많지 않습니까?

그동안 내가 주인으로 삼았던 모든 것을 내려놓고 내 인생의 주인 자리를 그분께 내어 드려야 합니다. 내가 사랑했던 모든 것을 내려놓고 주님만을 사랑해야 합니다. 먹든지 마시든지 살든지 죽든지 주님을 위해, 주님의 영광을 위해, 주님을 목적으로 살아가십시오. 문제와 방법을 잡았던 손을 펴서 인생의 목적이신 예수님을 붙드십시오. 그것만이 불행하고 괴로운 인생에서 벗어나는 길입니다.

미래를 꿈꾸는 나에게

1. 방법과 목적 중 무엇에 더욱 집중하며 살아가고 있습니까?

2. 내 인생의 목적은 무엇입니까? 목적을 점검하는 시간을 가지며 살아갑니까?

3. 창조 목적대로 살기 위해 바꾸어야 할 삶의 모습이 있습니까?

우리가 인생의 목적을 확실히 하면 하나님은 방법을 마련하십니다. 인생이 힘든 결정적인 이유는 삶의 목적과 방법이 뒤바뀌었기 때문입니다. 인생의 목적을 예수님께 두는 것만이 불행하고 괴로운 인생에서 벗어나는 길입니다.

말한 대로 된다

영향력
어떤 사물의 효과나 작용이 다른 것에 미치는 힘
또는 그 크기나 정도

물은 사람의 말에 따라 성분이 변합니다. 이것을 과학적으로 증명한 책이 바로 『물은 답을 알고 있다』입니다. '고맙습니다'라는 말을 들은 물은 깨끗한 육각형 결정체로 변하고, '망할 놈', '짜증나' 등의 말을 들은 물은 결정체가 파괴되는 것을 발견했습니다. 즉, 긍정적인 말은 그 진동음이 물질을 좋은 성질로 바꾸고, 반대로 부정적인 말은 물질을 파괴한다는 것입니다. 이 실험은 우리가 일상적으로 사용하는 말이 얼마나 소중한지를 알려 줍니다.

사람의 몸은 70%가 물로 되어 있습니다. 그래서 말은 물로 구성된 사람의 기분과 삶을 좌우한다고 합니다. 그런데 우리가 알아야 할 또 하나의 중요한 사실이 있습니다. 말은 물에만 영향을 끼치는 것이 아니라 모든 사물에 대해서도 영향을 끼친다는 것입니다.

어떤 사람이 밥을 가지고 실험을 해 보았습니다. '고맙습니다'라는 말을 반복해서 들은 밥은 발효하여 좋은 향기를 낸 반면, '망할 놈'이라는 말을 반복해서 들은 밥은 썩어서 검게 변했고, 코를 갖다 댈 수 없을 만큼 악취가 났습니다. 말의 성격이, 그 말이 닿는 사물에 영향을 미친 것입니다.

그러고 보면, '말이 씨가 된다'는 선조들의 말은 결코 과장이 아닙니다. 다양한 실험 결과를 통해서가 아니라 삶을 통해서 깨닫게 된 산 지혜였을 것입니다.

말 한마디의 영향력

사람들은 자신의 생각이나 뜻을 다른 사람들에게 전달하기 위해 여러 가지 방법을 사용합니다. 글, 표정이나 눈짓, 몸짓을 통해 속에 품고 있는 뜻을 겉으로 드러냅니다. 그런데 다양한 방법 중에서 자신의 뜻을 전달하는 가장 효과적인 수단은 '말'입니다. 다른 어떤 것도 말처럼 명료하고 직접적으로 자신의 뜻을 전달하기는 힘듭니다.

그런데 말은 단순히 의사소통의 수단에 그치지 않습니다. 사람을 세우기도 하고 죽이기도 합니다. 말에는 힘이 있기 때문입니다. 실제로 말 한마디 때문에 좌절과 낙심을 경험하거나 반대로 굉장히 큰 위로와 힘을 얻은 경험이 있지 않습니까? 가까운 친구를 적으로 만들기도 하고, 천 냥 빚을 갚기도 하는 것이 말입니다. 그래서 성경은 말의 중요성과 함께 말을 신중히 할 것을 여러 번 강조합니다.

구부러진 말을 네 입에서 버리며 비뚤어진 말을 네 입술에서 멀리 하라

(잠언 4:24)

온순한 혀는 곧 생명 나무이지만 패역한 혀는 마음을 상하게 하느니라

(잠언 15:4)

죽고 사는 것이 혀의 힘에 달렸나니 혀를 쓰기 좋아하는 자는 혀의 열매를 먹으리라

(잠언 18:21)

남에게 상처를 주거나 남을 속이는 말을 하지 말라는 것입니다. 물리적인 폭력보다 더 깊은 상처를 주는 것이 언어폭력입니다. 부부 관계에서도 '입술의 30초가 가슴의 30년이 된다'는 말이 있습니다. 대부분의 사람 관계가 사실은 말 때문에 깨집니다.

그런데 말은 사람 사이에서만 중요한 영향을 미치는 것이 아닙니다. 말은 하나님과의 관계, 즉 영적 세계와도 연결됩니다. 하나님은 우리의 말에 귀를 기울이시고, 우리가 말한 대로 이루어 주신다고 말씀하십니다.

출애굽한 1세대 이스라엘 백성이 광야에서 멸망당한 이유도 그들의 불신앙의 '말' 때문이었습니다.

나를 원망하는 이 악한 회중에게 내가 어느 때까지 참으랴 이스라엘 자손이 나를 향하여 원망하는 바 그 원망하는 말을 내가 들었노라 그들에게 이르기를 여호와의 말씀에 내 삶을 두고 맹세하노라 너희 말이 내 귀에 들린 대로 내가 너희에게 행하리니 너희 시체가 이 광야에 엎드러질 것이라 … (민수기 14:27-29)

말은 그 사람의 믿음과 마음 상태를 나타냅니다. 이스라엘 백성들은 하나

님을 온전히 신뢰하지 않았기에 하나님을 향해 원망하며 불평했습니다. 그리고 하나님은 그들의 부정적인 말대로 행하셨습니다.

우리는 1세대 이스라엘 백성들과는 달라야 합니다. 남을 비난하고 하나님을 원망하는 데 말을 사용하지 말고, 남을 행복하게 하고 하나님을 기쁘게 하는 데 사용해야 합니다. 어떤 언어가 하나님과 사람을 기쁘게 할까요?

비전의 언어, 치유의 언어

비전의 언어로 말하는 사람은 하나님에 대한 믿음이 있는 사람입니다. 우리가 믿고 말하는 대로 이루시는 하나님을 신뢰하기 때문입니다.

> 믿음은 바라는 것들의 실상이요 보이지 않는 것들의 증거니 선진들이 이로써 증거를 얻었느니라 (히브리서 11:1-2)

우리가 바라는 것을 하나님께서 실제로 이루어 주신다는 믿음이 있으면, 절망의 언어가 아니라 비전의 언어로 말하게 됩니다. 우리가 하는 말은 보이지 않지만 무한한 창조력과 힘을 가진 인생 최대의 에너지입니다.

아인슈타인은 4살 때까지 말도 제대로 못 했고, 초등학교 생활기록부에는 '성공할 가능성이 희박하다'라고 적혀 있을 만큼 모자라는 학생이었습니다. 하지만 그의 어머니는 공부를 못해서 매를 맞아 빨갛게 부어오른 아들의 손에 입을 맞추면서 "사랑하는 아들아, 너에게는 다른 사람이 가지지 못한 특별한 재능이 있다. 너는 반드시 훌륭한 사람이 될 것이다."라고 말해 주었습니다. 아인슈타인 어머니가 끊임없이 선포한 '할 수 있다', '될 수 있다'는 비전의 메시지는 아인슈타인이 15세가 되기 전에 상대성 원리를 발견하는 세계적인 천재가 되게 만들었습니다.

우리는 능력을 주시는 하나님 안에서 무엇이든 할 수 있고 될 수 있는 사람들입니다. 하나님의 자녀로서 성령이 주시는 영적 능력을 사용할 수 있는 사람들입니다. 믿음과 열정을 죽이는 절망의 언어를 버리고, 사람을 살리는 비전의 언어를 사용할 때 말한 대로 이루어지는 복을 경험하게 될 것입니다.

하나님과 사람을 기쁘게 하는 또 다른 언어는 치유의 언어입니다. 이것은 '널 믿어'라는 인정의 언어입니다. 사람은 자신의 존재 가치를 다른 사람에게 인정받을 때 행복해집니다. '난 널 믿어', '네가 가장 소중해'라는 말을 들으면 자존감이 높아지고, 숨겨진 잠재력이 살아납니다. 하나님의 형상으로 지어진 원래의 존재 가치와 그 사람 내면에 있는 고귀함을 그대로 인정할 때 일어나는 현상입니다. 우리는 그 사람의 능력에 대해서가 아니라 그 사람의 존재에 대해 칭찬해야 합니다. 가진 재능이나 능력과 관계없이 우리 모두는 하나님이 창조하신 존재며, 아들의 목숨과 바꿔 살리신 귀한 존재이기 때문입니다.

'잘했어'라는 칭찬, '괜찮다'라는 격려가 사람을 살립니다. 세상에서 칭찬이나 격려가 필요하지 않는 사람은 한 사람도 없습니다. 한마디 치유의 언어가 고난을 참고 견딜 수 있는 힘이 되고, 실패 후에도 다시 일어설 용기를 갖게 합니다.

그리스도인은 절망이 아닌 소망을 이야기해야 합니다. 과거가 아니라 미래를 말해야 합니다. 판단자나 비판자가 아니라, 격려하고 힘을 주는 치유자가 되어야 합니다. 생명의 도구인 말을 저주와 사망의 도구로 사용하지 마십시오. 그것이 입술을 주신 하나님께 순종하는 길입니다.

입은 하나, 귀는 두 개인 이유

바른 말, 생명의 말을 하기 위해 중요한 것은 '잘 듣는 일'입니다. 아무리 위로와 격려의 말을 아끼지 않는다고 해도 상대방의 심정과 상황에 귀가 열려 있지 않으면, 나의 선한 말이 상대에게는 실족하게 하는 말이 될 수도 있습니다. 나는 상대를 위해서 하는 말인데 상대방은 상처를 받을 수 있습니다. 그래서 성경은 충분히 들을 것을 이야기합니다.

사연을 듣기 전에 대답하는 자는 미련하여 욕을 당하느니라 (잠언 18:13)

아무리 말을 잘해도 듣는 사람이 잘못 들으면 말의 의미가 제대로 전달되지 않습니다. 말은 듣는 사람의 기분이나 마음 상태에 따라 말하는 사람의 의도나 생각과는 전혀 다르게 의미가 전달되기도 합니다. 사람들은 때때로 자신의 편견과 선입견 때문에 상대방의 말을 왜곡해서 듣습니다. 상대방이 하는 말의 본질과 의미를 파악하는 대신 자신의 감정에 기초해서 말하는 사람의 의도를 다르게 받아들입니다. 그래서 오해하고 불편해하며 괴로워합니다. 따라서 바른 언어생활은, 귀로 듣는 것으로 시작해서 마음으로 듣는 것으로 연결되어야 합니다.

상대방의 말을 잘 듣는 사람이 되시기 바랍니다. 내가 할 말을 생각하기보다 나에게 말을 하는 상대방의 마음을 이해하려고 노력하십시오. 그리고 사랑과 겸손함, 진실함으로 들으십시오. 그것이 살리는 말을 하고, 바르게 말을 하는 방법입니다.

때로는 지혜롭게 침묵하고, 진실한 마음으로 경청하며, 사람을 살리는 생명의 말을 하십시오. 그것이 우리의 미래를 평안으로 가득 채울 것입니다.

미래를 꿈꾸는 나에게

1. 나는 잘 듣는 사람입니까?

2. 평소에 내가 자주 하는 말은 무엇입니까? 어떤 상황에서 그 말을 합니까?

3. 의식적으로 줄이거나 끊어야 할 말이나 자주 하기로 결심한 말이 있다면 적어 봅시다.
   그것에 따라 나의 언어생활을 새롭게 세워 봅시다.

우리가 바라는 것을 하나님께서 실제로 이루어 주신다는 믿음이 있으면, 절망의 언어가 아니라 비전의 언어, 치유의 언어로 말하게 됩니다. 우리가 하는 말은 보이지 않지만 무한한 창조력과 힘을 가진 인생 최대의 에너지입니다.

쉼표가 있는 삶

쉬다
1. 일이나 활동을 잠시 그치거나 멈추다
2. 피로를 풀려고 몸을 편안히 두다

'15분'이라는 연극이 있습니다. 유망한 청년이 30세에 대학을 마치고 결혼을 앞두고 있습니다. 하지만 박사 학위논문을 제출해 놓고 그 결과를 기다리고 있던 그는 병이 들어 의사로부터 15분 후면 죽는다는 선고를 받게 됩니다. 그는 불안과 초조에 떨며 몸부림치기 시작합니다. 그러는 사이 시간은 15분, 14분, 13분, 12분으로 흘러갑니다. 그때 "편지요!" 하는 소리와 함께 편지가 배달됩니다. 내용은 억만장자 삼촌이 돌아가셨다는 소식으로 그 삼촌의 재산 상속자가 바로 청년이라는 변호사의 통보였습니다. 그러는 사이 시간은 또 흘러 시계는 이제 청년의 생명이 10분, 9분, 8분이 남았음을 가리킵니다. 그 때 다시 "편지요!" 하면서 또 한 통의 편지가 배달되었는데, 그 내용은 박사학위 논문 통과 소식이었습니다. 시계는 생명이 7분, 6분, 5분, 4분이 남았음을 가리킵니다. 그때 또 "편지요!" 하면서 한 통의 편지가 배달됩니다. 사랑하는 사람의 부모님이 결혼을 승낙했다는 애인의 편지였습니다. 그러나 시간은 멈추지 않고 3분, 2분, 1분이 지나면서 마침내 청년이 숨을 멈추는 것으로 연극은 끝이 납니다. 억만장자의 상속권도, 박사학위도, 결혼승낙도 그 청년에게는 아무런 의미 없는 것이 되고 말았습니다.

여기에서 15분은 15개월이 될 수도 있고, 15년이 될 수도 있고, 150년이 될 수도 있습니다. 그러나 영원한 가치가 아니면 의미가 없는 것입니다.

사람들은 너무나 바쁘게 살아가고 있습니다. 조금도 쉴 틈이 없습니다. 그러나 우리는 인생의 걸음을 잠시 멈추고 생각해 봐야 합니다. '나의 운명은 어떻게 끝날 것인가?' 쉼을 통해 내 인생을 다시 돌아보고 하나님께서 계획하시고 뜻하신 그 길을 찾아 걸어가야 합니다.

인생의 숨 고르기

하나님은 사람을 '일하는 존재'로 지으셨습니다. 열심히 일하는 것은 우리의 마땅한 도리입니다. 하지만 효과적으로 일하기 위해서는 반드시 쉼이 필요합니다. 축구선수들에게 하프타임이 없다면, 학교에 쉬는 시간이 없다면, 농사일에 허리 펴고 참 먹는 시간이 없다면 어떨까요? 생각만 해도 끔찍한 일입니다.

제가 바쁘게 목회를 하는 모습을 안타까워한 한 집사님이 이런 문자를 보내신 적이 있습니다. "목사님, 쉬는 것도 사역입니다." 그렇습니다. 하나님도 쉬셨습니다. 그런데 현대를 살아가는 많은 사람이 욕심 때문에 쉬지 않고 일합니다. 남들이 쉴 때 일하면 그만큼 더 많은 성과를 낼 수 있을 거라고 기대하기 때문입니다. 이것은 경쟁사회가 낳은 폐해입니다. 또 '내가 아니면 안 된다'

는 교만한 생각도 쉼을 누리지 못하게 하는 요인이 됩니다. 이유가 무엇이든 쉬지 않고 일하는 것은 자기 무덤을 파는 어리석은 행동입니다. 쉼에 대한 바른 이해가 없어서 나타나는 삶의 방식입니다.

다니엘 조슬린은 그의 책, 『왜 피곤해지는가』에서 휴식을 이렇게 정의합니다. "휴식이란 아무것도 하지 않는 것이 아니다. 휴식은 치유다." 그의 말처럼, 쉼은 에너지가 고갈되어 지친 몸과 마음에 힘을 주는 것입니다. 따라서 쉼이 있어야 더욱 능률적으로 일할 수 있습니다. 육체적인 일을 하는 사람에게는 육체의 안식이, 감정 노동자들에게는 정서적인 안식이 절대적으로 필요합니다.

악보를 보면 중간 중간에 쉼표가 있습니다. 이것은 숨을 쉬라는 표시입니다. 쉼표가 없다면 아무리 아름다운 멜로디로 이루어진 곡이라고 해도 숨이 막혀서 노래를 제대로 부르기 어려울 것입니다. 인생에서 휴가란 악보의 쉼표와도 같습니다. 아무것도 하지 않는 것이 아니라 한 곡을 제대로 잘 부르기 위해 숨을 고르는 순간입니다.

그런데 어떤 사람들은 벼르고 별러 휴가를 가서는, 놀고먹는 것으로 시간을 낭비합니다. 그래서 휴가를 다녀온 후에 오히려 더 피곤해합니다. 이것은 휴가의 참된 의미를 살리지 못한 것입니다. 우리에게 필요한 것은 바른 쉼입니다. 쉼을 통해 다시 새로워져야 합니다.

침묵을 통한 성숙한 생각

말을 많이 하는 직업을 가진 사람들이 집에서는 말을 하지 않는다는 이야기를 들은 적이 있습니다. 저도 그렇습니다. 주일 밤이 되면 온 몸의 진액이 다

빠져버린 느낌이 들 때가 있습니다. 그래서 때로는 집에서 아무 말도 하지 않습니다. 한번은 아무 말도 하지 않고 앉아 있는 제게 아내가 화가 났냐고 물어보았습니다. 단지 말을 하고 싶지 않았을 뿐인데 말입니다.

말을 많이 하는 자리에 있으면서 느끼는 것은, 말을 많이 하면 생각할 시간이 줄어든다는 것입니다. 몸의 움직임뿐만 아니라 말도 멈추었을 때 우리는 비로소 깊은 생각에 닿을 수 있습니다. 그래서 어떤 신학자는 탁월한 지도자가 되기 위한 세 가지 조건으로 하나님의 말씀, 이끌어 줄 수 있는 멘토, 마지막으로 침묵의 시간을 이야기했습니다. 어디 지도자에게만 해당되는 이야기겠습니까? 하나님이 사용하시는 사람이 되기 위해서는 말을 많이 하기보다는 하나님의 음성을 듣고 생각할 수 있는 침묵의 시간이 필요할 것입니다.

오늘을 살아가는 사람들의 문제가 무엇인지 아십니까? 너무 바빠서 생각할 시간이 없다는 것입니다. 물론 급하고 복잡한 일을 해결하기 위해 고민은 합니다. 하지만 침묵의 시간은 그보다 더 근본적인 문제에 대해, 우리가 반드시 물어야 할 것들에 대해 생각하게 합니다. 숨 쉴 겨를 없이 돌아가는 분주한 일상으로 인해 놓치는 참 가치에 대해 생각하게 합니다.

침묵의 시간을 갖는 사람은 '어떻게'가 아닌 '왜'라는 질문을 던지는 사람입니다. 그런 사람은 나의 기분과 감정과 이성에 의지하며 살기보다는 하나님의 말씀에 귀를 기울이며 살게 됩니다. 나의 이기심과 자존심을 세우기 위한 삶이 아니라 하나님의 영광과 내게 주신 사명을 먼저 생각하게 됩니다. 그랬을 때, 내 뜻이 아니라 하나님의 뜻을 분별하는 지혜를 얻을 수 있습니다.

안식의 참 의미

인간적으로 생각했을 때도 쉼은 매우 중요합니다. 하지만 쉼의 중요성을 인식하는 것에 멈춰서는 안 됩니다. 더 나아가 하나님이 우리에게 주시는 참 안식에 대해 알아야 합니다. 하나님의 안식만이 우리에게 진정한 쉼을 주기 때문입니다.

하나님이 모세를 통해 주신 10가지 계명 중에도 '안식일을 거룩하게 지키라'가 포함되어 있습니다. 그만큼 안식은 중요합니다. 그런데 하나님이 안식일을 지키라고 말씀하신 이유는, 단순히 휴식을 취하라는 의미가 아닙니다. 하나님만이 우리의 구원자 되심을 기억하도록 하기 위함입니다.

> 너는 기억하라 네가 애굽 땅에서 종이 되었더니 네 하나님 여호와가 강한 손과 편 팔로 거기서 너를 인도하여 내었나니 그러므로 네 하나님 여호와가 네게 명령하여 안식일을 지키라 하느니라 (신명기 5:15)

안식일의 핵심은 하나님이 우리를 창조하신 이유와 목적을 잊지 말고 살아가도록 하기 위함입니다. 먹고살기 위해 바쁘게 뛰어야 하는 일상을 잠시 내려놓고, 우리는 하나님의 피조물이며 하나님을 섬길 때 진정한 행복과 기쁨을 느낄 수 있게 창조된 존재임을 자각하며 살도록 하는 것입니다. 우리는 하나님의 창조 목적대로 하나님을 영화롭게 하는 주의 자녀로 살아가야 합니다. 이것이 바로 하나님이 안식일을 통해 우리에게 가르쳐 주시려는 하나님의 뜻입니다. 따라서 진정한 쉼과 회복은 주님 안에서만 이루어집니다. 아름다운 풍경, 맛있는 음식, 편한 잠자리가 있어도 그곳에 안식일의 주인이신 주님이 빠져 있으면 우리의 지친 마음과 영혼은 다시 회복될 수 없습니다.

> 수고하고 무거운 짐 진 자들아 다 내게로 오라 내가 너희를 쉬게 하리라
>
> (마태복음 11:28)

인생은 내 힘과 능력으로 만들어지는 것이 아닙니다. 하나님께 달려 있습니다. 바쁜 일들을 내려놓고 쉼을 갖는 것을 두려워하지 마시기 바랍니다. 뒤처지면 어쩌나, 잊히면 어쩌나 염려하지 마십시오. 또는 소모적인 쉼으로 쓸데없이 에너지를 낭비하지 마십시오. 오히려 앞으로 나아가야 할 걸음에 방해가 될 뿐입니다.

숨을 잘 쉬려면 쉼을 잘 가져야 합니다. 인생 최고의 휴가는 예수님과 함께 보내는 것입니다. 살아계신 예수 그리스도를 묵상하면서 그분의 은혜와 사랑을 생각하면서 마음과 영혼을 회복시킬 때, 내가 어디를 향해 가야 하는지 알 수 있습니다. 그리고 그 길을 힘차게 걸어갈 수 있습니다.

숨 고르기가 필요 없는 인생은 없습니다. 숨을 고르지 않으면 오래 뛰거나 계속해서 운동을 할 수 없습니다. 각종 문제와 갈등 속에서 번민만 하지 말고, 나를 도우시는 하나님을 바라보며 숨 고르기를 하십시오. 그리고 영적인 숨 고르기를 통해 다시 한 번 가슴 뛰는 삶을 시작하십시오.

미래를 꿈꾸는 나에게

1. 일함과 쉼의 균형이 잘 잡힌 삶을 살고 있습니까?

2. 내 쉼의 모습은 어떠합니까? 영혼의 안식을 주는 쉼입니까? 만약 그렇지 않다면 무엇이 바뀌어야 한다고 생각합니까?

3. 안식의 참된 의미를 생각하며, 바른 쉼을 계획해 봅시다.

인생 최고의 휴가는 예수님과 함께 보내는 것입니다. 살아계신 예수 그리스도를 묵상하면서 그분의 은혜와 사랑을 생각하고 마음과 영혼을 회복시킬 때, 내가 어디를 향해 가야 하는지 알 수 있습니다. 그리고 그 길을 힘차게 걸어갈 수 있습니다.

3부
다시 **결단**하라

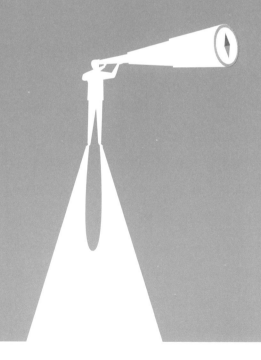

하나님이 싫으시면
저도 싫습니다!

싫다
마음에 들지 아니하다

매우 황당한 광경을 보았습니다. 교회를 향해 올라가는데 교회 뒤편 놀이 터에서 초등학교 1-2학년 정도 되어 보이는 어린아이들 몇 명이 담배를 피우고 있는 게 아닙니까. 다가가서 혼을 내며 쳐다보니 처음 보는 아이들이었습니다. 그날 하루 종일 씁쓸한 마음이 떠나지 않았습니다. 이 땅의 미래인 아이들이 버리고 피해야 할 것들에 오히려 물들어 가는 것 같았기 때문입니다.

아이들은 보는 대로 배웁니다. 이 시대는 소돔과 고모라를 뺨칠 정도로 타락이 일상화되고 보편화되었습니다. 곳곳에는 러브호텔이 우후죽순처럼 들어서고, TV프로그램에서는 이성친구와의 성관계에 대한 이야기가 스스럼없이 나옵니다. 돈과 권력이 있으면 범법 행위도 눈감아 주고, 어떻게 사는 것이 인간다운 삶인지에 대해서보다 무엇을 하면 더 좋은 집과 차를 살 수 있는지에 대해서 관심을 갖습니다. 이러한 어른들의 부끄럽고 어두운 모습이 거름망 없이 아이들에게 그대로 보이고 있습니다. 문제는 아이들이 그것을 자신들의 당연한 문화로 받아들이고 있다는 것입니다.

어른이 본을 보이지 않으면서 아이들을 가르칠 수는 없습니다. 아이들은 우리의 말이 아닌 삶을 보기 때문입니다. 그래서 어른 된 우리는 바르게 살아야 합니다. 삶의 변화 없이 교회에 나와 기도하는 것만으로는 안 됩니다.

종말을 향해 나아가는 이때에 그리스도인은 더욱 정신을 차려서 근신하고 깨어 있어야 합니다. 우리의 삶은 우리의 것으로 끝나는 것이 아닙니다.

이스라엘이 멸망한 이유

이스라엘은 하나님의 복을 보장받은 민족이었습니다. 그러나 하나님은 모든 민족 가운데 선택하신 그들을 노략꾼에 넘기고 하나님 앞에서 쫓아내셨습니다.

여호와께서 이스라엘의 온 족속을 버리사 괴롭게 하시며 노략꾼의 손에 넘기시고 마침내 그의 앞에서 쫓아내시니라 (열왕기하 17:20)

왜 이런 일이 생기게 된 것일까요? 열왕기서는 그 이유를 이스라엘이 '하나님이 하지 말라고 하신 일을 했기 때문'이라고 설명합니다. 한마디로 악을 행함으로 값없이 누릴 수 있는 복된 미래를 스스로 놓친 것입니다.

이스라엘의 자손이 점차로 불의를 행하여 그 하나님 여호와를 배역하여 모든 성읍에 망대로부터 견고한 성에 이르도록 산당을 세우고 모든 산 위에와 모든 푸른 나무 아래에 목상과 아세라 상을 세우고 또 여호와께서 그들 앞에서 물리치신 이방 사람 같이 그 곳 모든 산당에서 분향하며 또 악을 행하여 여호와를 격노하게 하였으며 또 우상을 섬겼으니 이는 여호와께서 그들에게 행하지 말라고 말씀하신 일이라 (열왕기하 17:9-12)

우상을 섬기는 것이 하나님이 싫어하시는 일임을 몰라서가 아닙니다. 하나님은 '우상을 섬기지 말라'고 이미 여러 차례 말씀하셨고, 우상숭배에 따른 벌에 대해서도 경고하셨습니다. 그럼에도 불구하고 이스라엘 백성은 잊을 만하면 또다시 우상을 만들고 거기에 절을 했습니다. 대체 그들은 하나님이 그렇게도 싫어하시는 우상숭배를 왜 그렇게 반복했을까요? 이유는 한 가지입니다. 하나님을 섬기면 하나님의 뜻을 따라 살아야 하지만, 우상을 섬기면 자기 뜻대로 살아갈 수 있기 때문입니다. 자신이 잘되고, 자신이 원하는 것을 얻기 위해, 즉 '자기를 위하여' 우상을 섬긴 것입니다.

그들의 하나님 여호와의 모든 명령을 버리고 자기들을 위하여 두 송아지 형상을 부어 만들고 또 아세라 목상을 만들고 하늘의 일월 성신을 경배하며 또 바알을 섬기고 (열왕기하 17:16)

누구든지 자기가 싫어하는 일을 반복해서 행하는 사람을 좋아할 수는 없습니다. 살면서 알게 된 한 가지 사실은 상대가 좋아하는 일을 하면 사랑을 얻을 수 있다는 것입니다. 그러나 상대가 싫어하는 일을 반복하면서는 상대와 친밀한 사랑을 유지할 수 없습니다. 신앙생활도 마찬가지입니다. 하나님이 싫어하시는 일을 반복하면서 하나님이 주시는 복을 받을 수는 없습니다. 열왕기서를 묵상하면서 깨닫게 되는 것은 이스라엘 백성이 멸망한 결정적인 이유는 하나님을 사랑하지 않아서가 아니라 하나님이 싫어하시는 일을 반복했기 때문이라는 것입니다.

내 뜻대로, 내 마음대로

오늘날도 마찬가지입니다. 자식이 잘되기를 바라며 사람이 만든 우상에게 일천 번 절을 합니다. 크고 중요한 사업을 시작하기 전에 승승장구를 기원하며 돼지 머리를 놓고 고사를 지냅니다. 조상의 덕으로 온 가족이 건강하기를 바라며 제사를 지냅니다. 내 뜻대로, 내 마음대로 살기 위해 악을 떠나지 못하는 것입니다.

하나님을 믿은 이후 우상을 섬긴 적이 없다고 자신하십니까? 돌이나 나무로 깎아 만든 인형에 절하고, 부적을 사서 붙이는 것만이 우상숭배가 아닙니다. 우리가 경계해야 할 진짜 우상은, '나를 위하여 살겠다'는 내 마음속에 있습니다.

그러므로 땅에 있는 지체를 죽이라 곧 음란과 부정과 사욕과 악한 정욕과 탐심이니 탐심은 우상 숭배니라 (골로새서 3:5)

간음이나 도둑질, 살인 같은 것만 악이 아닙니다. 하나님 중심으로 살지 않고, 내 중심으로 사는 것이 악입니다. 하나님이 싫어하시는 것을 싫어하지 않고 하나님이 기뻐하시는 것을 기뻐하지 않는 것이 악입니다. 인생의 주도권을 하나님께 내드리지 않고, 자신이 움켜쥐고 사는 것이 바로 악입니다.

오늘날도 많은 성도가 주의 종을 통해 하나님의 말씀을 듣습니다. 그럼에도 불구하고 자신이 가고 싶은 길로 가고, 자신이 원하는 것을 하기 위해 하나님이 싫어하시는 일을 합니다. 자신의 뜻대로, 마음대로 살기 위해 하나님께 열려 있어야 할 귀를 닫고 눈을 감는 것입니다.

탐욕은 손톱과도 같습니다. 신앙생활이 조금만 게을러지고 기도하지 않으면 탐욕과 욕심은 손톱처럼 자라납니다. 사람이란 존재는 근본이 악하기 때문에 기회만 주어진다면 육체의 쾌락과 당장의 편안함을 추구하게 되어 있습니다. 기회가 허락되면 언제라도 경건의 자리를 벗어날 수 있는 것이 사람입니다. 그렇기 때문에 우리에게는 타락의 유혹이 다가와도 단호하게 거절하며 선을 붙잡을 수 있는 자세가 필요합니다. 그래야 소리 없이 무너져가는 이 사회가 바로 세워질 수 있습니다.

그렇다면 어떻게 악을 떠날 수 있을까요? 오직 선하신 하나님의 은혜와 하나님의 사랑으로만 가능합니다. 나의 노력과 공로를 통해서는 해결할 수 없습니다. 오직 십자가 은혜로만 해결할 수 있습니다. 그래서 우리는 날마다 은혜의 보좌 앞으로 나아가야 합니다. 뗄 수 없는 그림자처럼 우리를 따라다니는 욕심과 악의 세력은 오직 예수님의 이름으로만 떨쳐 낼 수 있습니다.

악을 떠나고 선을 행하라

성경에 보면 소돔과 고모라가 멸망한 이야기가 나옵니다. 사람들은 소돔과 고모라가 도덕적, 성적으로 타락해서 하나님의 심판을 받았다고 이해합니다. 그러나 성경을 자세히 읽어 보면 그곳은 '의인 열 사람이 없어서' 멸망했다고 말하고 있습니다. 지금 한국이 직면한 가장 큰 위기는 경제적 위기나 안보적인 위기가 아닙니다. 믿지 않는 사람들에게 믿음의 본을 보일 만한 그리스도인들이 없는 것이 위기입니다. 지금 우리 사회에서는 따를 만한 지도자나 존경할 만한 스승을 찾기가 어렵습니다. 사회를 이끌어가는 지도자들의 도덕적, 윤리적인 수준은 더욱 낮아지고 있습니다. 차마 입에 담기 힘든 엽기적인 사건들이 이곳저곳에서 터져 나오고 있습니다.

그리스도인들이 먼저 움직여야 합니다. 영적 각성이 일어나야 합니다. 우리의 가치체계와 의식에 대전환이 일어나야 합니다. 하나님이 우리를 구원하시고 하나님의 자녀로 삼아 주신 것은 선한 일을 행하게 하기 위해서입니다. 따라서 우리는 선한 일을 행하는 믿음으로 살아야 합니다. 그러나 분명히 알아야 할 것은, 선을 행하는 것은 '일'이 아니라는 것입니다. 선한 일은 하나님과의 친밀한 관계 안에서 하나님만을 섬기며 하나님이 좋아하시는 일을 좋아하고, 하나님이 기뻐하시는 일을 기뻐하며, 하나님이 싫어하시는 일은 싫어하는 삶 그 자체입니다. 대부분의 그리스도인들은 '구원을 받았으니 끝'이라고 생각합니다. 하지만 그렇지 않습니다. 은혜로 구원을 받았기 때문에 우리를 향한 하나님의 거룩한 뜻을 발견하고 그것을 위해 열심히 살아야 합니다.

내가 좋아하는 일에 하나님을 끌어들이지 말고, 하나님이 좋아하시는 일에 나의 삶을 내어드리십시오. 하나님이 좋아하시는 것을 좋아하고 하나님이 싫어하시는 것을 싫어하십시오. 그럴 때 우리의 삶이 바뀔 뿐만 아니라 우리는 아이들에게 바른 본보기가 되어 줄 것입니다.

미래를 꿈꾸는 나에게

1. 내가 생각하는 '악'은 무엇입니까?

2. 내 삶 가운데 하나님이 하지 말라고 하시는데도 멈추지 않고 있는 일이 있습니까?
   그 이유는 무엇입니까?

3. 하나님과 같은 취향을 가지고 살아가기 위해 바꾸어야 할 생각이나 습관이 있습니까?

오직 선하신 하나님의 은혜와 사랑으로 악을 떠날 수 있습니다. 그래서 우리는 날마다 은혜의 보좌 앞으로 나아가야 합니다. 뗄 수 없는 그림자처럼 우리를 따라다니는 욕심과 악의 세력은 오직 예수님의 이름으로만 떨쳐 낼 수 있습니다.

무릎으로 나아가다

쌓다
1. 재료를 차곡차곡 포개어 얹어서 만들다
2. 든든하게 마련하다

제가 어릴 적 뛰어놀던 공주 공산성이 세계문화유산이 되었습니다. 그래서 문득 이런 생각을 해 보았습니다. '지금 우리의 삶도 미래에 살아갈 우리 자녀들에게는 문화유산이 될 수 있겠구나.' 그러자 적당히 살면 안 되겠다는 생각과 함께 오늘의 삶이 후손들에게 감동과 자랑이 되는 이야기가 되도록 노력해야겠다는 일종의 사명감과 부담감까지 생겼습니다. 상황이 되는 대로, 시간이 가는 대로 살아서는 떳떳한 어른이 될 수 없을 것입니다.

성경을 보면 다양한 삶의 현장 속에서 믿음으로 살아간 선배들의 모습이 소개되고 있습니다. 우리는 그 이야기에 스스로의 모습을 비춰 보며 회개도 하고 새롭게 앞날을 그려보기도 합니다. 아마 우리 자녀와 후손들도 지금 우리의 삶을 거울처럼 들여다보며 평가하게 될 것입니다. 후손들에게 보여 주기위해 삶을 쇼처럼 의식하며 살아갈 필요야 없겠지만, 기도로 어려움을 극복하고, 믿음으로 고난을 이기며 살아가는 모습 등은 후손들에게 남겨 주어야 하지 않겠습니까?

우리의 삶이 후손들이 배울 수 있는 교훈이 되고, 따라잡고 싶은 거룩한 모델이 되었으면 좋겠다는 생각을 합니다. 100년쯤 지난 뒤 현재 우리가 품고 있는 비전과 믿음의 이야기가 많은 사람에게 감동을 주는 신앙 유산의 소재거리가 되는 즐거운 상상을 해 봅니다. 이것은 이 시대를 살아가는 모든 그리스도인이 매일의 삶에서 자신의 역할을 잘 감당할 때 가능한 일입니다.

기도하지 않으면

예수님을 믿는다고 해서 모든 일이 잘되는 것은 아닙니다. 예수님을 믿어도 잘되던 일이 안 되기도 하고, 때로는 뜻하지 않은 어려움을 당할 수도 있습니다. 일이 잘되지 않는 이유는 여러 가지가 있겠지만, 영적 관점에서 생각해 볼 수 있는 하나는 '기도하지 않아서'입니다.

성경에는 기도하지 않아서 실패한 사람들의 이야기가 많이 등장합니다. 그중 한 명이 바로 사울 왕입니다.

> 여호와께 묻지 아니하였으므로 여호와께서 그를 죽이시고 그 나라를 이새의 아들
> 다윗에게 넘겨 주셨더라 (역대상 10:14)

사울 왕은 하나님께 기도하지 않아서 망했습니다. 기도가 무엇입니까? 하나님을 인정하고 의지하는 믿음의 태도입니다. 기도하지 않는다는 것은 하나님을 부인하고 믿지 않는 것과 다르지 않습니다. 이스라엘의 첫 번째 왕으로

기름부음 받을 때만 해도 사울은 겸손히 무릎을 꿇는 자였습니다. 그러나 점차 하나님보다 사람을 의식하기 시작하고 하나님의 뜻을 묻기보다 자신의 뜻에 집착하게 되었습니다. 하나님은 하나님을 찾지 않는 사울에게서 결국 얼굴을 돌리셨습니다.

하나님은 나의 모든 것을 아시는 분입니다. 내 과거와 현재의 상황을 아시고, 내가 지금 하는 생각이나 감정도 다 알고 계십니다. 그 하나님이 내 편이 되셔서 나를 도우시려고 나의 기도를 기다리고 계십니다.

> 그러므로 내가 너희에게 말하노니 무엇이든지 기도하고 구하는 것은 받은 줄로 믿으라 그리하면 너희에게 그대로 되리라 (마가복음 11:24)

하나님은 우리가 기도하면 들어주신다고 약속하십니다. 그런데도 우리는 모든 것을 아시고 모든 것을 하실 수 있는 하나님께 기도하기보다는 내 힘과 방법으로 살아가려고 합니다. 하지만 내 힘과 방법으로 살 수 있다는 것은 착각입니다. 하나님이 우리에게 힘을 주셔야 우리는 강해지고, 육체의 아픔을 이기고, 마음의 우울함을 극복하고, 영혼의 강건함을 얻을 수 있습니다.

> 내가 간구하는 날에 주께서 응답하시고 내 영혼에 힘을 주어 나를 강하게 하셨나이다 (시편 138:3)

기도 없이 이룰 수 있는 것은 아무것도 없습니다. 기도는 놀라운 능력이 있습니다. 믿음의 기도는 사람의 운명도 바꿉니다.

응답받는 기도의 비밀

많은 사람이 기도를 '일'로 생각하여 부담스러워합니다. 하지만 기도는 일이 아니라 '사랑의 관계'입니다. 하나님께 기도 응답을 받고 싶다면 하나님과 거래하지 말고, 무엇보다 먼저 하나님과 친밀한 사랑의 관계를 맺어야 합니다. 하나님이 제시하시는 거래 조건을 맞출 때 기도 응답을 받을 수 있는 것이 아닙니다. 기도 응답은 하나님께 떼를 써서가 아니라, '당신의 하나님'이 '나의 하나님'이 되는 관계 때문에 가능한 것입니다.

하나님은 하나님과 아무런 관계도 없는 사람이 막무가내로 떼쓴다고 해서 기도에 응답하시지 않습니다. 하나님이 우리의 기도를 들으시는 이유는 우리가 하나님의 자녀이기 때문입니다.

따라서 신앙과 기도 응답에는 순서가 있습니다. 직면한 문제 해결이 급한 것이 아니라 무너지고 깨진 하나님과의 관계를 먼저 회복해야 합니다. 하나님과의 관계는 엉망으로 유지하다가 어려운 일을 당하면 하나님을 아버지로 부르짖는 사람들이 있습니다. 예레미야 선지자는 하나님과 친밀한 사랑의 관계 없이 자신이 어려울 때만 하나님을 찾는 사람들을 향해 이렇게 경고했습니다.

> 그들이 나무를 향하여 너는 나의 아버지라 하며 돌을 향하여 너는 나를 낳았다 하고 그들의 등을 내게로 돌리고 그들의 얼굴은 내게로 향하지 아니하다가 그들이 환난을 당할 때에는 이르기를 일어나 우리를 구원하소서 하리라 (예레미야 2:27)

> … 그들이 그 고난으로 말미암아 내게 부르짖을 때에 내가 그들에게서 듣지 아니하리라 (예레미야 11:14)

또한, 하나님의 관점에서 기도해야 합니다. 우리는 내 뜻을 하나님께 관철시키려는 기도가 아니라 하나님의 뜻이 내 삶을 통해 이루어지는 기도를 해야 합니다. 믿음의 기도는 하나님의 뜻을 꺾는 것이 아니라, 내 삶을 하나님의 뜻에 맡기는 것입니다. 주기도문에도 보면 하나님의 뜻이 하늘에서 이루어진 것처럼 땅에서 이루어지도록 기도하라고 가르쳐 줍니다. 우리 믿음에 하나님이 반응하시기를 기대하지 말고, 하나님의 은혜에 우리가 믿음으로 반응해야 합니다. 하나님을 믿어도 내 뜻대로 안 된다고 불평하지 말고, 하나님의 뜻을 이룰 수 있게 해 달라는 기도가 바른 기도입니다.

만약 기도를 하는데도 응답을 못 받고 있다면, 잘못된 기도를 하고 있는 것은 아닌지 돌아봐야 합니다.

구하여도 받지 못함은 정욕으로 쓰려고 잘못 구하기 때문이라 (야고보서 4:3)

만일 세상만사가 인간의 계획과 의도대로 돌아간다면 세상은 결국 혼란과 파멸, 비극적 종말을 맞이할 것입니다. 우리가 구해도 얻지 못하는 것은 정욕을 위해 잘못 구하기 때문입니다.

무릎 꿇는 삶

바빠서 기도할 틈이 없습니까? 지쳐서 기도할 힘이 없습니까? 그럴수록 더 기도해야 합니다. 기도하지 않고 잘되는 것은 잘되는 것이 아니며, 기도했는데도 잘 안 되는 것은 안 되는 것이 아닙니다. 우리에게는 문제가 있는 것이 아니라 기도 제목만 있을 뿐입니다. 그리스도인에게 막다른 골목이란 없습니다. 단지 기도의 자리만 있을 뿐입니다. 기도는 하나님이 자녀들에게 주신 영적 특권입니다. 삶이 변화되기를 원한다면 기도해야 합니다. 간절하게 기도하고, 절박하게 기도해야 합니다. 그래서 시편 기자는 여호와 앞에 무릎을 꿇자고 말합니다.

오라 우리가 굽혀 경배하며 우리를 지으신 여호와 앞에 무릎을 꿇자 (시편 95:6)

무릎을 꿇자는 말은 하나님께 항복하자는 말입니다. 무슨 일이든지, 어떤 상황에서든지, 전적으로 하나님만 의지하고, 그분의 인도하심을 따르자는 의미입니다. 우리의 이기적인 생각과 옹졸한 판단을 따라 사는 것이 아니라, 인생을 주관하시는 하나님을 믿고 의지하며 따르자는 뜻입니다. 하나님의 계획과 뜻에 무릎을 꿇으면 하나님은 각종 문제와 괴로운 일들이 우리 앞에 무릎 꿇게 만드실 것입니다.

하나님은 잃은 양 한 마리를 찾기 위해 목숨을 걸고 들판을 헤매는 목자이십니다. 아버지를 배신하고 떠나간 둘째 아들을 끝없이 기다리는 아버지이십니다. 우리는 하나님이 기르시는 양이고, 하나님을 아버지로 부를 수 있는 자녀입니다. 하나님의 약속을 의심하지 말고, 하나님께 무릎 꿇으면 하나님은 우리를 책임지실 것입니다.

우리를 통해 크고 놀라운 일을 행하실 주님을 믿으며 나아갑시다. 날마다 쌓는 기도의 시간은 훌륭한 믿음의 유산이 되어 여러 세대를 지나서도 계속 흘러갈 것입니다.

미래를 꿈꾸는 나에게

1. 예배를 드릴 때 외에 개인적으로 기도하는 시간이 있습니까? 내가 기도 시간을 드리지 못하는 가장 큰 이유는 무엇입니까?

2. 주로 나는 무엇을 위해 기도합니까?

3. 날마다 무릎 꿇는 삶을 위해 매일 정해진 시간에 기도하기로 다짐하고, 내 기도 시간 표를 만들어 봅시다.

그리스도인에게 막다른 골목이란 없습니다. 단지 기도의 제목과 기도의 자리가 있을 뿐입니다. 기도는 하나님이 자녀들에게 주신 영적 특권입니다. 삶이 변화되기를 원한다면 기도해야 합니다.

믿음이 답이다

답
질문이나 의문을 풀이함. 또는 그런 것

"아무도 믿으면 안 돼." 부모가 어린 자녀에게 당부하는 말입니다. 순수한 믿음을 미끼 삼아 나쁜 일을 하는 사람들이 늘고 있기 때문입니다. 가슴 아프지만, 자녀에게 불신을 가르쳐야 하는 시대가 되었습니다.

오늘날 우리가 사는 세상에 믿을 사람이 있습니까? 아내가 남편을 믿지 못하고, 남편이 아내를 믿지 못하고, 자식이 부모를, 부모가 자녀를, 친구가 친구를 믿지 못하는 불신과 의심의 시대입니다. 교회에서도 성도가 목사를 믿지 못하고, 성도가 성도를 믿지 못합니다. 솔직히 말하면 나 자신도 못 믿습니다. 나의 연약함과 죄성이 나를 속이기 때문입니다. 그러다 보니 세상은 의심과 불신의 상처로 가득한 사람들이 살아가고 있습니다.

예수님의 제자였던 도마도 의심이 많은 사람이었습니다. 그러나 그가 처음부터 그랬던 것은 아닙니다. 예수님께서 병든 나사로를 방문하려고 할 때,

살기등등한 유대인들을 보고도 "주와 함께 죽으러 가자."라고 말할 만큼 담대하고 의리 있는 사람이었습니다. 하지만 도마는 예수님의 부활을 믿지 못했습니다. 사람들은 의심 많은 도마라고 비웃지만 사실은 우리도 믿지 못했을 것입니다. 사람이 죽었다가 다시 살아났다는 것을 어떻게 쉽게 믿을 수 있겠습니까?

오늘날 교회 안에도 수많은 도마가 있습니다. 교회는 다니지만 하나님의 말씀을 의심하고, 기도는 하지만 하나님의 사랑과 능력은 의심합니다. 하나님의 인도하심을 의심합니다. 오랫동안 기도했음에도 달라지지 않는 우리의 문제 앞에서 하나님의 실존까지 의심합니다. 보여 주면 믿겠다고 주장하는 사람들이 있지만, 정작 하나님께서 보여 주시면 또다시 의심합니다. 하지만 하나님에 대한 의심을 품고는 새로운 인생을 시작할 수 없습니다.

믿기만 하라

아픈 딸을 위해 간절한 마음으로 예수님께 온 아버지가 있습니다. 아픈 자녀를 둔 아버지의 심정이 어떻겠습니까? '딸이 나을 수만 있다면 무엇이든 하겠다'는 마음이었을 것입니다. 그는 예수님 앞에 엎드려 간청합니다.

> 이에 회당장인 야이로라 하는 사람이 와서 예수의 발 아래에 엎드려 자기 집에 오
> 시기를 간구하니 이는 자기에게 열두 살 된 외딸이 있어 죽어감이러라 …
> (누가복음 8:41-42)

예수님은 야이로를 따라 그의 집으로 가기 시작하셨습니다. 그런데 문제가

생겼습니다. 혈루병을 앓던 여자 때문에 지체하게 되어 그의 딸이 죽은 것입니다.

> 아직 말씀하실 때에 회당장의 집에서 사람이 와서 말하되 당신의 딸이 죽었나이다 선생님을 더 괴롭게 하지 마소서 하거늘 (누가복음 8:49)

얼마나 원통하고 비통한 일입니까? 저는 야이로가 느꼈을 극도의 고통을 이해할 수 있습니다. 몇 년 전 작은 아들이 병원 응급실에서 사경을 헤맬 때, 의사가 다른 일을 처리하느라 진료가 늦어지는 것에 그야말로 미치는 줄 알았습니다.

절박함을 희망 없음으로 바꾸고, 괴로움을 가중시키는 사람이나 환경을 만날 때, 우리는 분노하거나 체념합니다. 그러나 야이로의 이야기는 우리 인생의 진짜 문제는 다른 사람이나 환경이 아니라 바로 '내 믿음'에 있다는 것을 알려 줍니다. 외부 환경이나 사탄의 공격이 문제가 아니라 우리의 믿음 없음이 문제입니다.

> 예수께서 들으시고 이르시되 두려워하지 말고 믿기만 하라 그리하면 딸이 구원을 얻으리라 하시고 (누가복음 8:50)

예수님이 딸의 죽음을 들은 야이로에게 하신 말씀은 '믿기만 하라'는 것이었습니다. 그리고 그 말씀에 순종한 야이로는 딸이 살아나는 기적을 체험했습니다.

원래 '믿음'이라는 헬라어 단어, '피스티스'는 신뢰와 확신을 의미하는 단어입니다. 휴전을 하거나 동맹을 맺을 때, 계약이나 약속을 존중한다는 의미로 사용되었습니다. 믿음은 이런 신뢰성을 기반으로 이루어집니다.

우리가 사는 세상은 사람 사이의 신뢰를 무너뜨리고 있습니다. 하지만 본래 사람의 약속이란 믿을 수 없습니다. 사람이란 신뢰할 만한 존재가 아니기 때문입니다. 그러나 예수님은 약속하신 대로 행하시는 분입니다. 그분은 말씀하신 대로 이루십니다. 그래서 '두려워하지 말고 믿기만 하라'는 것입니다.

새로운 믿음

대부분의 그리스도인들이 '믿음'을 고백합니다. 그런데 어떤 사람은 정작 믿음이 필요한 상황에서 믿음의 능력을 경험하지 못하고 주저앉습니다. 무엇이 문제입니까? 부활하신 예수님을 믿는 믿음 대신 십자가에서 돌아가신 예수님만 믿고 있기 때문입니다. 도마처럼 말입니다.

> 도마에게 이르시되 네 손가락을 이리 내밀어 내 손을 보고 네 손을 내밀어 내 옆구리에 넣어 보라 그리하여 믿음 없는 자가 되지 말고 믿는 자가 되라
>
> (요한복음 20:27)

예수님은 죽은 예수님에 대해 의리를 지키는 사람이 아니라 부활을 믿고 부활의 능력으로 살아가는 사람이 되라고 말씀하십니다. 나를 위해 십자가에서 죽으신 예수님을 믿는 오랜 믿음에만 머물러 있지 말고, 죽음을 이기고 부활하신 예수님을 믿는 새로운 믿음으로 나아가야 합니다. 새로운 믿음이란, 부

활의 능력이 내 삶에서도 나타날 수 있다는 기대와 소망입니다.

어떤 사람들은 믿고 싶어도 믿어지지 않는다고 하고, 어떤 사람들은 하나님을 보여 주면 믿겠다고도 합니다. 그런데 성경에는 보지 못한 것을 믿은 사람들이 큰 복을 누린 이야기가 나옵니다. 대표적인 사람이 아브라함입니다. 그는 인간적으로 보면 매우 바보 같은 사람입니다. 가나안 땅을 주시겠다는 허황된 약속을 믿고 갈 바도 알지 못한 채 고향을 떠났습니다. 100세가 되도록 자녀가 없는데도 자손이 바다의 모래처럼 많아지게 하시겠다는 하나님의 약속을 믿고 살았습니다. 심지어 늦은 나이에 얻은 아들 이삭을 바치라는 황당한 명령에도 순종했습니다. 이처럼 보지 못해도 하나님의 말씀을 믿고 새로운 믿음으로 순종한 아브라함은 그가 믿은 대로 이루어지는 하나님의 놀라운 복을 경험했습니다.

보이지 않지만 함께하시는 하나님을 믿고, 다 알지 못하지만 나를 인도하시는 하나님을 믿고, 느낄 수 없지만 나를 위해 일하시는 하나님을 믿으십시오. 우리를 사랑하셔서 십자가에서 죽으시고, 다시 부활하신 예수님을 믿으십시오. 그 새로운 믿음이 척박한 환경을 이기고, 고난을 이기고, 상처와 아픔을 이깁니다.

무릇 하나님께로부터 난 자마다 세상을 이기느니라 세상을 이기는 승리는 이것이니 우리의 믿음이니라 (요한일서 5:4)

믿음이 자라는 자리

『천로역정』을 쓴 존 번연은 교회에 출석하면서도 무신론자였던 시기가 있었습니다. 교회에 나와 예배를 드리고, 설교를 듣지만 믿음이 생기지 않았습니다. 그러던 어느 날 그는 성경을 읽으면서 이런 의문이 생겼습니다. '교회에 이렇게 오랫동안 출석했는데, 이렇게 익숙하게 예배를 드리고 있는데, 수없이 많은 설교를 들어 왔는데, 어쩌면 내 마음에는 하나님에 대한 확신이 없고 믿음이 생기지 않을까?'

그러던 그는 씨 뿌리는 비유를 읽다가 큰 충격을 받았습니다. 자신의 마음에 떨어지는 '말씀의 씨'를 빼앗아 가는 것이 사탄이라는 것을 알게 되었기 때문이었습니다. '만약 사탄이 내 마음속에 있는 하나님의 말씀을 빼앗아 가는 것이라면, 그래서 내가 은혜를 못 받고, 나의 삶이 변화되지 못하고 있다면, 분명 나는 사탄에게 속고 있다'는 것을 깨달았습니다. 그날부터 존 번연은 설교를 듣는 태도부터 달라지기 시작했습니다. 말씀 앞에 진지하게 귀를 기울이기 시작했습니다. 그러자 그전에는 경험하지 못한 감동이 마음속에 밀려오기 시작했습니다. 마침내 그는 참된 믿음에 도달하게 되어, 수세기를 통해 수많은 사람에게 감동을 남기는『천로역정』의 저자가 될 수 있었습니다.

말씀을 많이 듣는 것은 중요합니다. 마음을 열고 하나님이 나에게 하시는 말씀으로 들으면, 믿음이 자라기 시작합니다.

그러므로 믿음은 들음에서 나며 들음은 그리스도의 말씀으로 말미암았느니라

(로마서 10:17)

그리고 많이 듣는 것보다 더 중요한 것은 집중해서 잘 듣는 것입니다. 집중해서 듣지 않으면 우리는 사탄에게 말씀의 씨앗을 빼앗기게 됩니다. 말씀의

홍수 시대라고 해도 과언이 아닌 이때에 말씀의 고갈을 느끼는 것은, 말씀의 씨앗을 빼앗기고 있기 때문인지도 모릅니다.

믿음이 없어 고민입니까? 새로운 믿음으로 살아가고 싶습니까? 하나님의 말씀을 가까이하고, 말씀이 전해질 때 집중하시기 바랍니다. 말씀의 씨앗이 뿌리내리고 자라나는 자리가 곧 믿음이 자라는 자리입니다.

미래를 꿈꾸는 나에게

1. 나는 믿음의 사람입니까?

2. 하나님을 향한 믿음이 흔들리는 때는 언제입니까? 그때 나는 어떻게 반응합니까?

3. 믿음이 자랄 수 있도록 말씀의 자리를 지키고 있습니까?

보이지 않지만 함께하시는 하나님을 믿고, 나를 위해 일하시는 하나님을 믿어야 합니다. 우리를 사랑하셔서 십자가에서 죽으시고, 부활하신 예수님을 믿어야 합니다. 그 믿음이 척박한 환경을 이기고, 고난을 이기고, 상처와 아픔을 이깁니다.

그래도 감사

감사
1. 고마움을 나타내는 인사
2. 고맙게 여김, 또는 그런 마음

'다마고보로'라는 일본 과자가 있습니다. 일본의 워런 버핏으로 불리는 다케다 씨가 운영하는 '다케다 제과'의 대표적인 제품입니다. 다케다 사장은 이과자 때문에 대부호가 되었습니다. 이 과자가 엄청난 돈을 벌어들인 데에는 두 가지 비밀이 있습니다. 첫째, 최고의 품질을 위한 투자입니다. 다케다 사장은 창업 초기부터 일반 달걀보다 3배 이상 비싼 유정란만을 고집스럽게 사용했습니다. 건강한 음식에 대한 다케다 사장의 관심과 고집은 분명 소비자의 마음을 움직였을 것입니다.

그런데 이 과자가 소위 말하는 대박을 친 진짜 이유는 따로 있습니다. 바로 '감사'입니다. 다케다 사장은 다마고보로를 만드는 모든 직원이 과자를 향해 '감사합니다'라고 말하며 작업을 하도록 했습니다. 공장에는 '감사합니다'라는 말이 녹음된 테이프를 하루 종일 틀어 놓았습니다. 사람들이 화를 낼 때 내뱉는 숨을 봉지에 담아 그 안에 모기를 넣어 두면, 모기가 몇 분 안에 죽어 버리는 데 반해, 웃을 때 나오는 숨에서는 훨씬 오래 산다는 데서 착안한 아이디어였습니다. 그는 제품을 만드는 사람의 마음이 제품에 전해지기 때문에 만드는 사람의 심리상태는 매우 중요하다고 생각했습니다. 그리고 이것은 제품의 질과 판매 이전에 직원들의 인상이 웃는 인상으로 바뀌는 또 다른 긍정적인 변화를 낳았습니다.

이렇게 각 공정을 담당하는 직원들로부터 약 백만 번의 감사를 받고 나온 다마고보로 과자의 판매는 폭발적으로 늘어났습니다. 기계가 만들어 낸 평범한 계란과자가 예상 밖의 대히트를 친 것입니다. 감사하는 마음이 낳은 기적입니다.

어찌 까닭 없이

감사가 무엇입니까? 남이 베풀어 준 호의나 도움에 대해 갖는 흐뭇하고 즐거운 마음입니다. 다시 말하면 좋은 무언가를 마땅히 받아야 할 것보다 더 많이 받거나, 내 어려움을 해결해 준 대상에게 가질 수 있는 마음입니다. 내 것을 빼앗거나 나를 곤란에 처하게 한 상황이나 사람을 향한 감정이 아닙니다.

사탄의 생각도 같았습니다. 누구라도 받은 것이 있을 때 감사하고, 빼앗겼을 때 불평하며 원망할 것이라고 생각했습니다. 그래서 하나님의 자랑거리인 욥을 흔들기로 작정합니다.

사탄이 여호와께 대답하여 이르되 욥이 어찌 까닭 없이 하나님을 경외하리이까

주께서 그와 그의 집과 그의 모든 소유물을 울타리로 두르심 때문이 아니니이까

주께서 그의 손으로 하는 바를 복되게 하사 그의 소유물이 땅에 넘치게 하셨음이

니이다 (욥기 1:9-10)

사탄은 하나님이 욥에게 복을 주셨기 때문에 그가 하나님을 경외하는 것이라고 이야기했습니다. 경외가 감사를 포함한 훨씬 더 큰 의미인 것을 감안했을 때, 이것은 이렇게 바꿔서 말할 수 있을 것입니다. "욥에게 주신 것을 다 빼앗아 보십시오. 그가 그래도 감사할 수 있을까요?"

하지만 이것은 사탄의 오판이었습니다. 욥은 하나님이 주신 경제적인 복 때문에 하나님을 섬긴 것이 아니었습니다. 그가 하나님을 경외하고 하나님께 감사했던 것은 하나님의 주권을 인정했기 때문입니다. 자신이 하나님의 은혜로 살아가고 있음을 알았기 때문입니다. 그래서 욥은 가진 것을 잃고, 자식을 잃고, 자신의 건강까지 잃었을 때도 변함없이 하나님을 인정했습니다.

… 우리가 하나님께 복을 받았은즉 화도 받지 아니하겠느냐 하고 이 모든 일에 욥

이 입술로 범죄하지 아니하니라 (욥기 2:10)

사탄은 하나님이 주신 가시적인 복 때문에 욥이 하나님을 섬기고 감사하는 것이라고 참소한 것처럼 지금도 우리를 향해 말하고 있습니다. "하나님이 네게 해 준 게 뭐가 있어? 열심히 섬겼는데도 아프고 병들었잖아? 예배 한 번 빠지지 않았는데도 자녀가 시험을 망쳤잖아? 넉넉하지 않은 형편에도 선교헌금이며 구제헌금에 앞장섰지만 사업은 날마다 어려워지고 있잖아? 하나님이 너를 사랑하신다면 이러실 리가 없잖아? 네 기도를 들으셨다면 말이야."

이에 맞서는 우리의 대답은 무엇입니까?

감사의 이유

성경은 우리가 범사에 감사하는 것이 하나님의 뜻이라고 말씀합니다.

범사에 감사하라 이것이 그리스도 예수 안에서 너희를 향하신 하나님의 뜻이니라
(데살로니가전서 5:18)

우리가 감사해야 하는 이유는 분명합니다. 하나님은 사람의 신분이나 귀천에 관계없이 누구든지 예수님을 믿기만 하면 구원을 받을 수 있는 복을 주셨습니다. 우리는 하나님의 은혜로 구원받았고, 하나님의 사랑 때문에 하나님의 자녀가 되었습니다. 우리의 노력이나 행위로 된 것은 하나도 없습니다. 그래서 우리는 감사해야 합니다.

사도 바울은 이렇게 고백합니다.

그러나 내가 나 된 것은 하나님의 은혜로 된 것이니 내게 주신 그의 은혜가 헛되지 아니하여 내가 모든 사도보다 더 많이 수고하였으나 내가 한 것이 아니요 오직 나와 함께 하신 하나님의 은혜로라 (고린도전서 15:10)

우리는 하나님의 은혜가 아니면 살아갈 수 없는 존재들입니다. 하나님은 우리를 교회 공동체 안으로 불러 주셨습니다. 고독한 우리를 하나님의 가족으로 불러 주셨습니다. 교회 안에서 서로 돕고, 사랑하고, 격려하며 살도록 해

주셨습니다. 그래서 우리는 감사해야 합니다. 비록 우리가 걷는 이 길은 보기에 좁고 험하지만 우리에게는 영원한 하나님 나라의 복이 예비되어 있습니다. 그 복을 기억하며 신뢰하는 사람의 삶은 고난으로 끝나지 않고 복된 삶으로 끝이 납니다.

물론 가끔은 감당하기 힘든 역경과 시련이 닥칠 때가 있습니다. 믿음으로 받아들이기 힘든 환난과 고통에 몸부림칠 때도 있습니다. 그래도 감사해야 합니다. 우리의 감사는 처한 환경이나 조건 때문에 이루어지는 것이 아니기 때문입니다.

많은 그리스도인이 조금만 잘되면 흥분해서 어쩔 줄을 몰라 하다가도 조금만 안 되면 금세 하나님을 원망하고 불평합니다. 불평과 불만을 뜻하는 영어 단어 'discontent'는 '…이 없는'을 의미하는 'dis'와 '알맹이, 내용'을 뜻하는 'content'가 합해진 것입니다. 즉, 알맹이와 내용이 없는 것이 불평입니다. 사람들이 불평하는 이유는 삶의 알맹이인 하나님이 계시지 않기 때문입니다.

사소한 일 하나에 일희일비하지 말고, 뿌리 깊은 믿음의 사람으로 살아갑시다. 최선을 다하며 살다가 우리의 힘으로 어찌할 수 없는 일은 하나님의 뜻을 물으며 잠잠히 기다려 봅시다. 이것이 바른 신앙인의 태도입니다.

그리 아니하실지라도

감사는 그 사람이 갖고 있는 신앙의 수준을 파악하는 영적인 척도입니다. 언제 감사하고, 어떻게 감사하고, 얼마나 감사하느냐에 따라 그 사람의 영적 수준이 결정됩니다. 미숙한 사람은 받은 것보다 받지 못한 것에 집중합니다. 내 것이 아닌 다른 사람의 것을 보며 속상해합니다. 반면 성숙한 사람은 작은 걸 주어도 감사해합니다. 준 사람의 마음과 의미를 생각할 줄 압니다. 때로 인생에 어려움이 와도 묵묵히 견뎌 냅니다. 불평하지 않고 작은 것에서 큰 기쁨을 찾습니다. 주어진 것에 만족하며, 받은 것을 누릴 줄 압니다. 생각이 깊은 수준 있는 사람은 시련이나 고통마저 감사해하며 신앙으로 이겨 냅니다. 모든 것이 합력하여 선을 이루게 하시는 하나님을 신뢰하기 때문입니다.

결국 감사는 소유나 조건에 있는 것이 아니라 깨달음에 있고, 성숙함에 있으며, 생각의 깊이에 있는 것입니다. 잘될 때만 감사하는 것이 아니라, 절체절명의 위기에도 감사하며 살면 상황이 반전되는 놀라운 기적을 경험할 수 있습니다. 환경이나 사람을 바라보지 않고 오직 하나님만 바라보고 감사하는 신앙이 기적을 만드는 것입니다.

향기로운 봄철뿐만 아니라 외로운 가을에도 감사해 봅시다. 응답하신 기도뿐만 아니라 거절하신 것에도 감사해 봅시다. 기쁨뿐만 아니라 아픔과 슬픔에도 감사하고, 장미의 붉은 꽃잎뿐만 아니라 가지에 돋아난 가시에도 감사해 봅시다. 감사는 기적의 또 다른 이름입니다.

미래를 꿈꾸는 나에게

1. 오늘 하루 '감사하다'는 말을 몇 번 했습니까?

2. 요즘 불만을 가지고 불평하고 있는 일이 있습니까?

3. 감사노트를 만들어 하루에 10개씩 감사할 것을 찾아 적어 봅시다.

감사는 소유나 조건에 있는 것이 아니라 깨달음과 성숙함에 있습니다. 잘될 때뿐만 아니라 절체절명의 위기에도 감사하면 상황이 반전되는 놀라운 기적을 경험할 수 있습니다. 환경이 아닌 오직 하나님만 바라보고 감사하는 신앙이 기적을 만듭니다.

아낌없이 드리다

아끼다
물건이나 돈, 시간 따위를 함부로 쓰지 아니하다

몇 해 전 '한민족 리포트'라는 TV프로그램에서 네팔에서 몇 년째 자원봉사로 헌신하고 있는 의사에 대해 다루었습니다. 그 이야기는 꽤 오랫동안 제 안에 머물렀습니다.

첫 번째 이유는 네팔 사람들이 사는 모습이 너무나 충격적이었기 때문입니다. 뱀에 물린 팔을 부여잡고 일주일을 걸어 병원에 갔으나 이미 팔은 썩어서 잘라낼 수밖에 없었다는 이야기, 대수롭지 않은 질병인데도 제때에 치료를 받을 수 없어 목숨을 잃거나 장애인이 되었다는 이야기 등 그들의 열악한 상황에 말할 수 없이 가슴이 아팠습니다. 도처에 병원이 있고, 단돈 몇 천원이면 치료를 받을 수 있는 우리나라의 현실은 그야말로 천국이었습니다.

두 번째는 한국에서 편안한 생활을 할 수 있는 사람이 누가 시키지도 않았는데 척박한 땅에 가서 의술을 베풀며 살아가고 있었기 때문입니다. 그는 매우 신실한 그리스도인이었습니다. 그리스도의 사랑 안에서 그는 자신의 재능을 바쳐 사람들에게 희망을 주는 일을 하고 있었습니다.

많은 사람이 자신의 욕심을 채우기 위해 동분서주하며 살아갈 때, 어떤 사람은 자신이 누릴 수 있는 모든 편안함을 버리고 가난한 땅으로 갔습니다. 그가 가장 중요하게 생각하는 것은 무엇이었을까요?

대체 무슨 일을 더 해야

하나님이 주시는 영생을 얻고자 하는 청년이 있었습니다. 그는 매우 철저하게 신앙생활을 해 온 사람입니다. 그래서 하나님의 모든 계명을 지켰다고 당당하게 말하며 예수님께 묻습니다.

그 청년이 이르되 이 모든 것을 내가 지키었사온대 아직도 무엇이 부족하니이까 (마태복음 19:20)

주님은 청년에게 이렇게 말씀하십니다. "만일 네가 완전해지길 원한다면, 가서 네가 가진 것을 다 팔아 가난한 사람에게 나누어 주어라. 그러면 하늘에서 보물을 얻게 될 것이다. 그런 후에 와서 나를 따르라!"

청년은 당황했습니다. 자기가 한 일에 대해 칭찬을 받을 줄 알았는데 예수님은 칭찬 대신 무리한 요구를 하셨기 때문입니다. 만일 주님이 내게 저 말씀을 하셨다고 생각해 보십시오. 직장생활하면서 신앙생활하기가 어디 쉽습니까? 믿고, 섬기고, 헌신하며 버티고 있는 것만으로도 위로와 칭찬이 필요한데, 가진 것 전부를 팔아 다른 사람에게 주라니 이 얼마나 부담스러운 이야기입니까?

예수님은 왜 청년에게 이렇게 말씀하셨을까요? 예수님이 청년에게 바라시는 게 정말 모든 재산을 팔아 가난한 사람들에게 주는 것일까요? 아닙니다. 예수님은 청년에게 하나님의 자녀로 살아갈 수 있는 진짜 비결을 알려 주고 싶으셨던 것입니다. 예수님은 청년에게 "네가 온전하고자 할진대"라고 말씀하셨습니다. 이것은 "네가 하나님의 자녀 됨의 복을 누리고 정말로 하나님의 기대에 부응하는 자녀가 되고 싶거든"이라는 의미입니다. "가서 네가 가진 것을 다 팔아 가난한 사람에게 나누어 주어라."라는 말씀의 의미는 주님을 위해 인생을 거는 수준으로 살아보라는 것입니다.

그런데 청년의 반응이 의외입니다. 그는 오히려 마음이 무거워졌습니다.

그 청년이 재물이 많으므로 이 말씀을 듣고 근심하며 가니라 (마태복음 19:22)

그는 살인, 간음, 도둑질, 거짓 증언을 하지 않는 것이나 부모를 공경하고 이웃과 자신을 사랑하는 것에는 자신 있었습니다. 하지만 돈을 포기하는 것은 어려운 일이었습니다. 결국 그는 영생과 돈 중에서 돈을 선택하고 말았습니다. 하나님보다 돈이 더 중요했기 때문입니다.

순전한 마음, 온전한 믿음으로

사람마다 가장 소중하게 여기는 것이 다릅니다. 누구는 돈을, 누구는 명예를, 누구는 자존심을 끝까지 포기할 수 없는 것으로 생각합니다. 하지만 예수님은 그게 무엇이든 예수님보다 앞에 서는 것을 원하지 않으십니다.

예수님을 주님으로 믿고 따르던 제자가 먼저 가서 아버지를 장사하도록 허락해 달라고 요청했을 때, 예수님은 이렇게 말씀하셨습니다.

제자 중에 또 한 사람이 이르되 주여 내가 먼저 가서 내 아버지를 장사하게 허락하옵소서 예수께서 이르시되 죽은 자들이 그들의 죽은 자들을 장사하게 하고 너는 나를 따르라 하시니라 (마태복음 8:21-22)

단순히 예수님의 말씀만 들으면 예수님이 피도 눈물도 없는 분처럼 보일 수 있습니다. 그러나 여기에는 깊은 뜻이 담겨 있습니다. 예수님을 주님으로 믿는다면, 온전한 믿음으로 따라야 한다는 것입니다. 예수님을 주님이라고 믿는다면, 그 어떤 심각한 상황에 처한다 할지라도 아무 변명 없이 주님을 따라야 한다는 것입니다. 결국 이 모든 것은 삶의 최우선 순위가 예수님이 되어야 가능한 일입니다. 인간의 정이나 도리보다 예수님이 먼저여야 합니다. 내 경험이나 지식보다 예수님이 먼저여야 합니다.

무릇 내게 오는 자가 자기 부모와 처자와 형제와 자매와 더욱이 자기 목숨까지 미워하지 아니하면 능히 내 제자가 되지 못하고 (누가복음 14:26)

예수님은 가족을 미워해야 제자가 된다고 강조하십니다. 여기서 '미워하다'로 번역된 헬라어 단어는 '단념, 포기, 거절'을 의미합니다. 히브리어 단어로는 '샤네'인데 '선택하지 않는다'라는 뜻입니다. 즉, 가족이나 자신의 목숨보다도 하나님을 선택할 수 있어야 한다는 의미입니다.

아브라함을 기억해 보십시오. 그는 하나님으로부터 백세 때 얻은 아들 이삭을 바치라는 무시무시한 이야기를 듣습니다. 하나님은 그 일이 왜 필요한지 친절하게 설명하지 않으셨습니다. 아들을 바쳐야 하는 아브라함의 마음을 위로하지도 않으셨습니다. 누가 들어도 부당하다고 항의할 수 있는 요구가 아닙니까? 하지만 아브라함은 망설이지 않았습니다. 이유를 따지지 않았습니다. 어떻게 그러실 수 있냐며 하나님을 원망하지도 않았습니다. 그저 하나님께 아들 이삭을 바치기로 결심합니다. 세상 그 무엇과도 비교할 수 없는 소중한 아들을 하나님께 드리기로 한 것입니다. 하나님은 그의 순전함 마음, 온전한 믿음을 기쁘게 받으셨습니다. 그리고 아들 이삭을 살려 주심과 동시에 아브라함에게 큰 복을 약속하셨습니다.

> … 네가 이같이 행하여 네 아들 네 독자도 아끼지 아니하였은즉 내가 네게 큰 복을 주고 네 씨가 크게 번성하여 하늘의 별과 같고 바닷가의 모래와 같게 하리니 네 씨가 그 대적의 성문을 차지하리라 또 네 씨로 말미암아 천하 만민이 복을 받으리니 이는 네가 나의 말을 준행하였음이니라 하셨다 하라 (창세기 22:16-18)

하나님은 하나님을 향한 아브라함의 마음을 알고 싶으셨던 것입니다창 22:1. 하나님이 원하신 것은 아브라함의 아들이 아니라 그 무엇도 하나님께 아까워하지 않는 아브라함의 마음이었습니다.

주께서 쓰시겠다 하면…
많은 사람이 예수님을 믿고 따릅니다. 예수님을 진심으로 사랑하고 하늘의 복을 누리며 살기를 소망합니다. 하지만 내게 소중한 것을 하나님께 온전히 드리는 것에 대해서는 불편함을 느끼며 망설입니다. 또한 예수님을 믿고 따르는 대가로 세상 명예나 물질의 복을 기대합니다. 결국 내가 소중하게 여기는 것은 포기할 수 없다는 마음으로, 원하는 것을 얻고자 하는 마음으로 하나님을 따르는 것입니다.

주님은 내 일부가 아니라 내 전부를 원하십니다. 주님은 내가 가진 어떤 것을 원하시는 게 아니라 내 인생 전체를 원하십니다. 내가 소중하게 여기는 것, 중요하게 생각하는 바로 그것을 하나님께 아낌없이 드릴 수 있는 순전한 마음, 온전한 믿음을 원하십니다. 내가 필요할 때만 기도하고, 내가 할 수 있을 때만 섬기는 것은 누구나 할 수 있습니다. 도움이 필요할 때 도움을 줄 수 있는 대상에게 간절히 청하는 것은 누구라도 할 수 있는 일입니다. 하지만 거기에 멈추면 그저 그런 삶을 살 수밖에 없습니다.

우리가 승진하고 싶은 열정의 반만이라도 믿음 생활에 사용한다면, 놀라운 일이 일어날 것입니다. 생활수준을 올리려는 간절함의 반만이라도 믿음에 사용한다면 인생이 바뀔 것입니다. 생각해 보면, 우리는 하나님을 사랑한다고 말하면서도 내 것을 단념하고 포기하고 거절하지 않습니다.

하나님이 달라고 하시면, 그것이 시간이든 재능이든 물질이든 아낌없이 드릴 수 있어야 합니다. 하나님이 나에게 무엇을 주실 것인지만 생각하는 믿음에 머물지 말고, 어떻게 하면 주님께 더 드릴 수 있을까 고민할 때 우리는 우리가 기대하는 것 이상의 놀라운 복을 경험할 수 있습니다.

미래를 꿈꾸는 나에게

1. 내가 아브라함이었다면 혹은 부자 청년이었다면, 주님의 말씀에 어떻게 반응했겠습니까?

2. 하나님께 드리기 아까운 것이 있습니까?

3. 내가 예수님을 믿고 따르는 진짜 이유에 대해 진지하게 생각해 봅시다.

주님은 내 일부가 아니라 내 전부를 원하십니다. 주님은 내가 가진 어떤 것을 원하시는 게 아니라 내 인생 전체를 원하십니다. 내가 소중하게 여기는 것, 중요하게 생각하는 바로 그것을 하나님께 아낌없이 드릴 수 있는 순전한 마음, 온전한 믿음을 원하십니다.

용서를 결단하다

결단하다
1. 결정적인 판단을 하거나 단정을 내리다
2. 할 일에 대하여 어떻게 하기로 마음을 굳게 정하다

2012년 12월 21일에 지구가 멸망한다는 이야기가 있었습니다. 당시 '그것이 알고 싶다'에서 다룰 정도로 많은 사람의 관심을 끄는 주제였습니다. 이런 논란 가운데 '2012'라는 영화도 개봉이 되었습니다. 2012년 12월 21일에 태양계의 행성이 일직선이 되면 태양이 방출하는 중성미자에 의해 지구 내부에 있는 핵의 온도가 올라가 지구 대륙의 지각에 대 격변이 일어나게 되어 멸망하게 된다는 내용이었습니다.

이런 이야기들은 천문학에 능통했던 마야 문명에서 사용하는 지구의 달력이 2012년 12월 21일로 끝나는 데서 기인한 것입니다. 마야 민족은 2012년 12월 21일에 지구가 멸망한다고 생각했습니다. 마야 문명은 서양 문명에 의해 그보다 훨씬 전에 멸망했지만 말입니다.

도시가 파괴되고 사람들이 최후를 맞이하는 영화 속 장면은 하나님이 지구

를 심판하실 때 예언하신 내용을 현실처럼 볼 수 있어서 큰 자극이 되었습니다. 특별히 인상 깊었던 장면은 동양 여자와 결혼한 아들이 미워서 연락을 끊고 지내던 늙은 아버지가 아들에게 용서를 구하려 전화를 하지만 결국 통화하지 못하고 죽어가는 장면이었습니다. 마지막으로 아버지는 아들에게 미안하다는 말과 사랑한다는 말을 하고 싶었을 것입니다. 죽기 전에 꼭 하고 싶은 일이 '용서'라는 것이 제 마음을 무척 뭉클하게 했습니다.

용서할 수 있는 힘

우리가 해야 할 사랑은 사람들이 일반적으로 생각하는 것처럼 낭만적인 것만은 아닙니다. 많은 사람이 사랑을 낭만적인 곳에서 나누는 연인들의 속삭임 정도로 생각합니다. 하지만 진정한 사랑은 하룻밤에도 몇 번이고 우는 아기에게 달려가는 어머니의 헌신입니다. 침몰하는 배에서 다른 사람을 위해 구명보트를 양보하는 희생이 사랑입니다. 자신의 아들을 죽인 자를 양자로 삼았던 손양원 목사님의 용서가 사랑입니다.

1948년 10월 공산당들이 여수·순천에서 폭동을 일으켰고, 손양원 목사님의 큰 아들 손동인과 작은 아들 손동신이 학교 친구 안재선에게 학살당했습니다. 두 아들의 시신이 애양원에 도착했을 때 어머니는 기절을 했고, 손양원 목사님도 땅을 치며 오열했습니다.

두 아들의 장례를 마치고 손양원 목사님은 "하나님의 계명을 지키기 위해 감옥에서 고생했는데 원수를 사랑하라는 계명을 지키지 않으면 이 얼마나 모순이냐"며 사형 직전인 안재선을 구출하여 아들로 삼았습니다. 그리고 그를 부산의 고려고등성경학교에 입학시켰습니다.

손양원 목사님을 통해 알 수 있듯이 용서는 나와 상대방의 관계로 베푸는 것이 아닙니다. 하나님에 대한 믿음으로 순종하는 것입니다. 예수님은 사랑과 용서의 마음이 생기거든 사랑하고 용서하라고 말씀하지 않으셨습니다. 사랑하고 용서하라는 예수님의 말씀은 명령형입니다. 우리의 연약함과 인간적인 한계를 아시기 때문에 믿음으로 사랑하고 믿음으로 용서하라고 명령하신 것입니다.

이 시대의 많은 사람은 하나님의 뜻에 따라 살기보다는 돈을 따라 살아가고, 눈에 보이는 것을 보이지 않는 것보다 더 중요하게 여기며 살아갑니다. 하나님을 믿는 우리도 사실 얼마나 많이 하나님을 배신하고, 하나님에 대한 신의를 저버리고 사는지 모릅니다. 그런데도 하나님은 우리를 계속 용서해 주십니다. 우리의 거듭되는 실수와 부족함에 대해서도 끝까지 인내해 주십니다. 그리고 변함없이 우리를 사랑하십니다.

하나님의 사랑과 용서를 받은 자로서 우리도 믿음으로 반응해야 합니다. 하나님과 이웃을 더욱더 사랑하고 하나님의 계명을 따라 용서하고 인내해야 합니다.

누가 누구에게 불만이 있거든 서로 용납하여 피차 용서하되 주께서 너희를 용서하신 것 같이 너희도 그리하고 (골로새서 3:13)

용서, 미래를 여는 축복

우루과이의 작은 성당 벽에는 주기도문을 새롭게 풀어 쓴 글이 있습니다. 그중에서 용서에 관한 부분은 이렇습니다.

"'우리가 우리에게 죄 지은 자를 사하여 준 것 같이 우리의 죄를 사하여 주옵시고'
하지 말아라. 누구에겐가 아직도 앙심을 품고 있으면서….”

우리는 직업이나 장소, 함께할 사람뿐만 아니라 감정도 선택해야 합니다.
분노를 선택하면 분노하게 되고, 용서를 선택하면 용서하게 됩니다. 사랑을
선택하면 사랑하게 되고, 미움을 선택하면 미워하게 됩니다. 그러나 진정한
변화는 선택이 아니라, 결단에서 시작됩니다. 입으로만 “우리가 우리에게 죄
지은 자를 사하여 준 것 같이 우리의 죄를 사하여 주옵시고”라고 하지 말아야
합니다. 입으로 말했으면 용서를 결단하고, 진심으로 용서하고 사랑하는 마음
을 가져야 합니다. 용서하는 마음, 용서하는 태도, 용서하는 습관을 결단하고
내 삶에 세워 나갈 때 미래가 열립니다.

그러나 오해하지 않아야 할 것은 용서가 어떠한 사실을 무효화하거나 잘못
을 잘못이 아니라고 하는 것은 아니라는 점입니다. 독일의 히틀러에게 600만
명이나 학살당한 이스라엘 민족을 추모하는 기념관이 이스라엘에 있습니다.
거기 입구에는 이렇게 쓰여 있습니다.

“용서는 하되 잊지는 맙시다.”

이 말의 의미는 무엇입니까? 독일 사람들을 용서하고 화해는 하되 그들이
저지른 일을 잊지 말자는 것입니다. 그리고 앞으로 다시는 그런 일이 또 일어
나지 않도록 각성하자는 뜻입니다.

남북 정상회담은 언제나 우리의 관심사이고 한반도는 통일을 열망하고 있

습니다. 남북 정상들이 만나서 화해의 손을 마주 잡고, 하나로 통일된 우리 민족을 생각할 때 가슴이 벅차오릅니다. 그러나 현실을 바로 알고 지혜롭게 대처해야 하는 것은 매우 중요합니다. 우리는 6·25를 기억해야 합니다. 얼마나 수많은 사람이 죽었으며 지금도 전쟁의 후유증으로 많은 사람이 고통당하고 있는지 말입니다. 그뿐만 아니라 많은 사람이 이산가족이 되어 그리움에 눈물을 흘리며 살아가고 있는지도 알아야 합니다. 그리고 동시에 우리는 이 뼈아픈 역사를 놓고 기도하고 용서해야 합니다. 주께서 우리를 용서하신 것처럼 우리가 상대방을 용서할 때 긍휼한 마음이 생기고 북한을 가슴에 품고 기도하는 힘이 생깁니다. 민족의 통일과 번영은 사람에게 달린 것이 아니라 하나님의 능력과 주권에 달려 있습니다. 우리가 용서하는 마음으로 북한을 품을 때, 예수 그리스도의 이름이 북한 땅에도 자유롭게 전파될 그날이 속히 올 것입니다.

용서받은 자답게

용서는 과거의 좋지 않은 기억이나, 생각하고 싶지 않은 상황들을 이겨 낼 수 있는 엄청난 힘입니다. 또한 용서는 원수를 갚는 것과 누군가를 미워하고 원망하는 것을 없애고 대신 서로 화목하고 사랑하며, 관용하는 삶으로 바꾸어 놓을 수 있습니다. 실제로 그리스도인은 수많은 죄를 지었지만 하나님으로부터 용서를 받고 이루 말할 수 없는 평안과 기쁨을 경험한 사람들입니다.

너희가 무슨 일에든지 누구를 용서하면 나도 그리하고 내가 만일 용서한 일이 있으면 용서한 그것은 너희를 위하여 그리스도 앞에서 한 것이니 (고린도후서 2:10)

영국의 빅토리아 여왕 시대의 위대한 복음주의자 가운데 한 분이셨던 J.C. 라일John Charles Ryle 목사님은, 찰스 스펄전과 함께 19세기 영국 설교자들을 이끌며 쌍두마차라 불렸던 지성적 목회자입니다. 39년 동안 시골교구에서 봉사했으며 20년 동안 리버풀 주교로 섬기다가 1900년에 83세를 일기로 천국의 부름을 받으셨습니다. 그는 '용서받은 사람의 다섯 가지 표지'5 Marks of a Forgiven Soul by J.C. Ryle라는 제목으로 다음과 같이 말했습니다.

1. 용서받은 사람들은 죄를 미워한다(Forgiven souls hate Sin).
2. 용서받은 사람들은 그리스도를 사랑한다(Forgiven souls love Christ).
3. 용서받은 사람들은 겸손하다(Forgiven souls are Humble).
4. 용서받은 사람들은 거룩하다(Forgiven souls are Holy).
5. 용서받은 사람들은 기꺼이 용서한다(Forgiven souls are Forgiving).

일만 달란트 빚진 자가 용서함을 받은 것처럼 우리도 그리스도 십자가의 은혜로 용서함을 받았습니다. 따라서 우리는 죄를 미워하는 삶, 그리스도를 사랑하는 삶을 살아야 합니다. 더욱더 겸손함으로 이웃을 섬기는 삶을 살아야 합니다.

누군가에 의해 경제적, 감정적, 영적, 인간적으로 큰 손해를 입고 괴롭다면 믿음으로 용서하는 삶을 살아야 합니다. 우리의 연약함에 대해 인내하시고, 우리의 부족함을 참아 주시고, 십자가에 달려 돌아가신 예수님의 은혜를 생각하며 믿음으로 용서하고 사랑하는 삶을 살아야 합니다.

우리는 지금 내 생애 마지막 오늘을 살고 있습니다. 마라톤 선수들이 반을

뛰고 결승점을 향해 다시 돌아가는 반환점을 '터닝 포인트'라고 합니다. 같은 길이지만, 새로운 길을 걷게 되는 것입니다. 용서는 인생의 터닝 포인트가 될 수 있습니다.

미래를 꿈꾸는 나에게

1. 용서한다고 말했지만 실제로 용서하지 못하고 계속 미워했던 적이 있습니까?

2. 일만 달란트 빚진 자가 용서함을 받은 것처럼 용서받음의 감격과 기쁨을 누리며 감사
   한 적이 있습니까?

3. 주변에 용서를 넘어 축복해야 할 이웃이 있다면 십자가의 은혜로 축복하기를 결단합
   시다.

용서는 과거의 좋지 않은 기억이나, 생각하고 싶지 않은 상황들을 이겨낼 수 있는 엄청난 힘입
니다. 또한 용서는 원수를 갚는 것과 누군가를 미워하고 원망하는 것을 없애고 대신 서로 화목
하고 사랑하며, 관용하는 삶으로 바꾸어 놓을 수 있습니다.

미련을 버리다

미련
깨끗이 잊지 못하고 끌리는 데가 남아 있는 마음

키에르케고르의 '철새 이야기'를 아십니까? 겨울이 되자 철새들은 남쪽으로 날아가기 시작했습니다. 한참을 날던 철새들은 배가 고파 옥수수 밭에 내려 앉았습니다. 맛있는 옥수수로 배를 불린 철새들이 말했습니다. "이제 출발하자."

그런데 한 마리는 그 자리에 머물렀습니다. "이렇게 맛있는 옥수수를 두고 어떻게 오늘 떠난단 말이야? 하루 더 먹고 나는 내일 떠나야지." 하루를 더 먹고 나서도 말했습니다. "이렇게 맛있는 옥수수를 두고 어떻게 오늘 떠난단 말이야? 하루 더 먹고 나는 내일 떠나야지." 이런 생활이 반복되었습니다.

그러던 어느 날 정말 떠나지 않으면 안 되는 날이 왔습니다. 겨울을 알리는 첫눈이 내린 것입니다. "이제는 정말 떠나야지!" 철새는 하늘을 향해 날개를 펼쳤습니다. 그러나 오랫동안 옥수수를 먹으면서 살이 찐 철새는 움직일 수가 없었습니다. 결국 철새는 차가운 눈 속에 파묻혀 죽고 말았습니다. 당장 배를 불리는 옥수수에 대한 미련을 버리지 못하고 떠나야 할 날을 미뤘던 탓입니다. 단호하게 그 자리를 떠났다면 남쪽나라에서 따뜻하게 겨울을 지내게 되었을 텐데 말입니다. 겨우 옥수수 때문에 그보다 훨씬 더 좋은 남쪽나라를 놓친 것입니다.

여기가 좋사오니

많은 사람이 편안하고 안락한 곳에 머물기를 원합니다. 주목받고 인정받는 곳을 떠나기 싫어합니다. 앞에 무엇이 있는지 알 수 없어 불안하고, 두려움이나 염려와 싸워야 하는 상황을 선호하는 사람이 어디 있겠습니까? 신앙생활도 마찬가지입니다. 대부분의 그리스도인이 헌신과 부담이 없는 편안하고 쉬운 신앙생활을 원합니다. 말로는 천국을 소망하면서도 인내와 눈물이 있는 자리보다는 편안한 삶에 안주하고 싶어 합니다.

베드로도 그랬습니다. 그는 예수님과 함께 올라간 산에서 영광에 쌓이신 예수님과 모세와 엘리야를 보게 되자 그곳에 머물고 싶었습니다.

> 두 사람이 떠날 때에 베드로가 예수께 여짜오되 주여 우리가 여기 있는 것이 좋사오니 우리가 초막 셋을 짓되 하나는 주를 위하여, 하나는 모세를 위하여, 하나는 엘리야를 위하여 하사이다 … (누가복음 9:33)

베드로의 심정이 이해가 가지 않는 것이 아닙니다. 우리도 그런 곳을 만난다면, 아마 베드로처럼 반응할 것입니다.

그러나 주님은 우리에게 가르쳐 주십니다. "여기보다 더 좋은 곳이 있다. 지금의 삶보다 더 좋은 삶이 있다." 우리의 최종 목적지는 이 땅이 아니기 때문입니다. 우리가 소망하는 것은 이 땅이 아니고 하늘에 있습니다. 우리의 영광은 육체에 있는 것이 아니라 천국에 있습니다.

많은 사람이 이 땅이 주는 작은 유익에 마음을 뺏겨 믿음의 도전보다는 안주를 택합니다. 새로운 결단과 변화보다는 익숙함과 쉬움을 선택합니다. 하지만 하나님이 우리에게 주시려는 복은 이 땅에서의 안락함이 아닙니다.

물론 익숙하고 편안한 삶을 떠나는 것은 쉬운 일이 아닙니다. '지금, 여기'에 대한 미련을 떨칠 수 있는 유일한 방법은 예수님을 바라보는 것입니다.

구름 속에서 소리가 나서 이르되 이는 나의 아들 곧 택함을 받은 자니 너희는 그의 말을 들으라 하고 소리가 그치매 오직 예수만 보이더라 … (누가복음 9:35-36)

오직 예수님만 보여야 합니다. 돈이 보이고, 명예가 보이고, 출세가 보이면, 지금의 자리를 박차고 일어서기가 힘듭니다.

지난날에 대한 그리움

우리가 미련을 버리지 못하는 또 다른 하나는, 과거입니다. 하지만 과거는 이미 지나간 것입니다. 아무리 괴로운 기억이라 해도 바꿀 수 없고, 아무리 행복하고 좋았다 해도 그 자리로 돌아갈 수 없습니다. 특히 하나님 없이 누린 가짜 평안에 대한 미련만큼 어리석은 일은 없습니다.

이스라엘 백성들은 하나님의 약속을 믿고 애굽에서 나왔습니다. 하지만 가나안 땅을 정탐한 사람들의 말을 듣자 곧 절망에 빠졌습니다. 하나님이 약속하신 가나안 땅에는 이스라엘 백성보다 크고 강한 사람들이 살고 있었기 때문입니다.

어찌하여 여호와가 우리를 그 땅으로 인도하여 칼에 쓰러지게 하려 하는가 우리 처자가 사로잡히리니 애굽으로 돌아가는 것이 낫지 아니하랴 이에 서로 말하되 우리가 한 지휘관을 세우고 애굽으로 돌아가자 하매 (민수기 14:3-4)

거의 모든 이스라엘 백성이 애굽으로 돌아가자고 이야기하며 자신들을 이끌어 낸 모세와 아론을 원망했습니다. 그러나 그들의 주장처럼 애굽으로 다시 되돌아가는 건 절대 하나님의 뜻이 아니었습니다. 하나님은 이스라엘 백성들이 뒤를 돌아보지 않고, 모세의 뒤를 따라 가나안으로 향하기를 원하셨습니다. 하나님이 그들을 애굽에서 이끌어 내신 것은, 그들을 죽이려는 것이 아니라 살리려는 것이었기 때문입니다.

애굽으로 돌아가자고 주장했던 수많은 사람들 중 단 한 사람도 애굽으로 돌아가지 못했습니다. 애굽으로 다시 돌아가자고 주장했던 사람들은 모두 광야에서 죽었습니다. 하나님의 약속과 능력을 믿지 못한 결과였습니다.

애굽으로 돌아가자 했던 이스라엘 사람들의 비참한 끝을 보면서도, 하나님이 떠나게 하신 애굽을 여전히 그리워하는 그리스도인들이 있습니다. 그들은 하나님을 믿지만, 하나님을 바라보는 대신 애굽을 바라봅니다. 현재 만나는 작은 어려움 때문에 벗어버린 옛사람의 옷을 그리워하는 것입니다.

하나님이 죄악으로 물든 소돔과 고모라를 멸하실 때, 롯과 그의 가족은 구원하셨습니다. 그리고 성 밖으로 나온 그들에게 매우 간단한 명령을 하셨습니다. 돌아보거나 들에 머물지 말고 도망하라는 것이었습니다. 그러나 롯의 아내는 그 명령을 어겨 성 밖에서 구원을 놓쳤습니다.

롯의 아내는 뒤를 돌아보았으므로 소금 기둥이 되었더라 (창세기 19:26)

우리는 이미 세상으로 돌아갈 수 없는 존재가 되었습니다. 그러니 하나님이 떠나게 하신 세상으로, 지난날로 돌아가려는 생각조차 하지 말아야 합니다. 뒤에 있는 세상을 돌아보지 말고, 주님의 뒤를 따르는 성도가 되십시오. 사람의 말을 따르지 말고 성령님의 인도하심을 따르십시오. 지난날로 돌아갈 수 있는 배는 아예 불태워 버려야 합니다.

앞으로 나아가라

하나님은 지난날을 생각하지 말라고 말씀하십니다. 이것은 부끄럽던 일, 나빴던 관계, 끔찍했던 실수만 뜻하는 것이 아닙니다. 과거의 성공이나 칭찬, 영광스럽던 순간으로부터도 분리되어야 한다는 의미입니다. 우리는 과거에 사는 사람들이 아니라 미래를 소망하며 사는 사람들입니다. 우리가 바라보아야 할 것은 지난날이 아닙니다. 하나님이 우리를 위해 준비하신 새날과 앞으로 우리를 위해 이루실 새로운 일입니다.

너희는 이전 일을 기억하지 말며 옛날 일을 생각하지 말라 보라 내가 새 일을 행하리니 이제 나타낼 것이라 … (이사야 43:18-19)

내 육신의 요구를 채워 주는 지금에 안주하면, 하나님이 열어 주시는 새로운 미래를 누릴 수 없습니다. 하나님이 떠나게 하신 곳에 미련을 가지면, 하나님이 행하실 새 일을 경험할 수 없습니다. 우리는 지금까지 살아온 삶보다 하나님과 동행할 앞으로의 삶이 더 아름답고 행복한 사람들입니다.

　지난날을 생각하지 말라는 것은 지나간 것에 미련을 가지고 집착하지 말라는 의미이지, 지난날을 무시하라는 뜻은 아닙니다. 지난날을 무시하면 발전할 수 없습니다. 과거는 우리가 미래를 꿈꾸고 세워가는 데 가르침을 주는 훌륭한 스승이기 때문입니다.

　누군가의 말처럼, 과거를 바꿀 수는 없으나 과거의 의미를 바꿀 수는 있습니다. 과거를 스승 삼아 우리의 삶을 새롭게 세워 나갈 때, 과거의 밝음과 어두움은 모두 선한 의미를 갖게 될 것입니다. 이런 의미에서 믿음은 과거도 바꿉니다.

미래를 꿈꾸는 나에게

1. 키에르케고르의 '철새 이야기'에 비추어 보았을 때, 나에게 '옥수수'는 무엇입니까?

2. 이미 떠나온 곳을 돌아보게 만드는 상황이 있습니까? 하나님이 보여 주실 새 땅을 의심하게 만드는 소리가 있습니까?

3. 하나님이 행하실 미래의 놀라운 일들을 기대하며, 과거에 대한 집착을 내려놓기로 다짐합시다.

지금에 안주하면, 하나님이 열어 주시는 새로운 미래를 누릴 수 없습니다. 하나님이 떠나게 하신 곳에 미련을 가지면, 하나님이 행하실 새 일을 경험할 수 없습니다. 우리는 지금까지 살아온 삶보다 하나님과 동행할 앞으로의 삶이 더 아름답고 행복한 사람들입니다.

4부
다시 **시작**하라

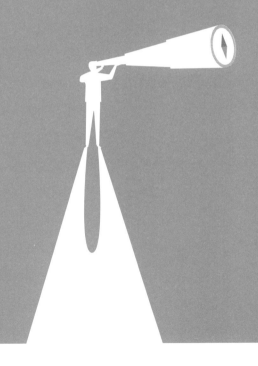

바보들은 항상 결심만 한다

결심
할 일에 대하여 어떻게 하기로 마음을 굳게 정함
또는 그런 마음

『작은 실천이 세상을 바꾼다』의 저자 대니 서는 미국 이민 2세인 한국인입니다. 그는 1998년에 노벨상과 동일한 권위를 가진 슈바이처 인간존엄상을 받았습니다. 미국의 유명 잡지인 피플지가 선정한 세계에서 가장 아름다운 50인에 오르기도 했습니다. 그는 지구를 살리자는 취지의 환경운동을 펼치고, 인권을 위한 단체를 조직하여 세계적인 영향력을 끼치고 있습니다. 그런데 이런 화려한 이력을 가진 그는 고등학교를 꼴찌로 졸업했으며 대학 문전에도 가지 않았습니다.

그를 이 자리로 이끈 것은 대단한 학벌이나 능력, 인맥이 아닌, '작은 실천이 세상을 바꾼다'라는 신념입니다. 그는 그 신념으로 환경과 인권을 위한 운동에 전념했습니다. 생각만 할 뿐 실천하지 못하는 사람들 사이에서, 그는 작은 신념 하나로 세계에 영향력을 끼치는 사람이 되었습니다. 학교교육의 붕괴 시대에 떠도는 청소년과 학부모에게 신선한 충격을 주는 사람이 된 것입니다.

계획만 짜고 실천으로 옮기지 못하는 사람들을 주변에서 쉽게 찾아볼 수 있습니다. 그래서 매해 6월이 되면 "벌써 6월이 되었습니다. 1월에 계획하신 일들을 얼마나 이루고 사셨나요?"라는 멘트가 각종 매스컴을 통해 쏟아집니다.

결심했다면 움직여야 한다

새해가 되면 새롭게 각오하고 새롭게 결심합니다. 이번만큼은 꼭 계획한 것을 이루리라 다짐합니다. '올해는 영어 공부 꾸준히 해야지. 올해는 매일 운동해야지. 올해는 더 많이 기도하고 성경 1독 해야지.' 하지만 당장 발등에 떨어진 불부터 해결하며 하루하루를 정신없이 지내다 보면 처음의 다짐은 흐지부지되고 금세 6개월이 지납니다. 반성과 회개로 남은 6개월을 잘 살아보겠다고 결심하지만 연말이 되면 다음 해를 기약하곤 합니다.

사람의 인생은 이 주기를 약 70번 반복하면 끝나게 됩니다. 그러고 보면, 인생이란 새로운 것이 아닙니다. 매년 되풀이되고 반복되는 삶이 곧 인생입니다. 그리고 이 반복이 멈추는 날, 이 땅에서의 삶도 끝납니다. 영원할 것 같아도 세월은 우리에게 무한한 기회를 주지 않습니다. 그래서 성경은 '세월을 아끼라'고 권면하고 있습니다.

성경에 나온 믿음의 사람들은 하나님의 말씀을 따르는 데 머뭇거리지 않았습니다. 자신이 해야 할 일을 미루지 않았습니다. 그 대표적인 인물이 느헤미야입니다. 느헤미야는 바벨론의 포로로 잡혀 갔다가 바사 왕의 술관원장이 된 성공한 인물이었습니다. 그는 이국에서 예루살렘 성이 허물어졌다는 소식을 듣고는 성을 재건하기 위해 예루살렘으로 옵니다. 그리고 지체하지 않고 그

일을 위해 나섭니다.

> 내가 예루살렘에 이르러 머무른 지 사흘 만에 내 하나님께서 예루살렘을 위해 무
> 엇을 할 것인지 내 마음에 주신 것을 내가 아무에게도 말하지 아니하고 밤에 일어
> 나 몇몇 사람과 함께 나갈새 … 그 밤에 시내를 따라 올라가서 성벽을 살펴본 후
> 에 돌아서 골짜기 문으로 들어와 돌아왔으나 (느헤미야 2:11-15)

그가 밤에 성벽을 살펴본 것은 결심한 것을 이루기 위한 준비였습니다. 그
는 앉아서 결심만 하거나 입으로만 성벽을 쌓지 않았습니다. 그의 이러한 행
동력은 성벽이 재건되는 중에도 드러납니다. 그는 어려움을 만날 때마다 적극
적으로 하나님의 뜻을 물으며 문제를 해결해 나갔습니다. 하나님이 주신 인생
을 충실히 살아낸 것입니다.

때로 우리는 게으름 때문에 결심을 실천으로 옮기지 못하는 경우가 있습니
다. 성경이 말하는 게으른 자의 모습은 어리석은 자와 같습니다.

> 게으른 자는 자기의 손을 그릇에 넣고서도 입으로 올리기를 괴로워하느니라
> (잠언 19:24)

당연한 이야기지만, 계란 프라이를 먹으려면 계란을 깨야 합니다. 생각만
으로는 아무것도 일어나지 않습니다.

우리는 하나님이 우리에게 주신 인생을 다 쓰고 가야 할 의무가 있습니다.
하나님이 우리에게 주신 모든 가능성을 우리 인생 안에서 다 발휘해야 할 책

임이 있습니다. 만약 우리가 하나님이 주신 가능성과 잠재력을 찾아내는 일에 게으름을 피우거나, 하나님이 주신 비전보다 세상의 가치를 찾아 헤매다 보면, 결국 허무만이 남게 됩니다.

믿음으로 시작하면 하나님이 이루신다

『성공의 법칙The Law Success』을 쓴 나폴레온 힐은 "사람이 마음속에 품고 믿는 것이라면 무엇이든 이룰 수 있다."라고 말했습니다. 예수님도 '믿는 자에게는 능치 못한 일이 없다'라고 말씀하십니다. 그래서 우리는 꿈을 가져야 합니다. 주님을 위한 거룩한 비전을 소유해야 합니다. 그러나 단지 꿈과 계획을 가지는 것만으로는 안 됩니다. 꿈을 위해 한 걸음을 떼야 합니다. 우리가 믿음으로 시작하면 하나님이 이루십니다. 결심이 능력이 아니라, 실천이 능력입니다.

아브라함이 갈 곳을 알지 못하고도 집을 떠났을 때 하나님은 그를 모든 민족의 아버지로 삼으시겠다는 약속을 이루셨습니다. 노아가 하나님이 알려 주신 대로 큰 배를 지었을 때 하나님은 이 땅의 모든 생물을 쓸어버리시는 중에도 그와 그의 가족은 살려 주셨습니다. 사르밧 과부가 마지막으로 남은 가루와 기름으로 엘리야를 먼저 먹였을 때 하나님은 그 집에 음식이 끊이지 않게 하셨습니다. 에스더가 자신의 민족을 위해 왕에게 먼저 담대히 나아갔을 때 하나님이 유다 민족을 구원하셨습니다. 다니엘이 사자 굴에 들어가는 것을 겁내지 않았을 때 하나님은 다니엘을 살리시고 그 땅에 하나님의 살아계심을 보이셨습니다. 한 아이가 떡 다섯 개와 물고기 두 마리를 내놓았을 때 예수님은 그것으로 오천 명을 먹이셨습니다.

꿈을 이루는 과정도 마찬가지입니다. 우리가 우리의 형편이나 주변 환경,

능력 때문에 내 안에 심겨진 꿈을 무시하거나 포기하지 않고, 이루실 하나님을 바라보며 움직이기 시작할 때 하나님은 하나님의 일을 보이십니다. 옛 조상들의 말처럼 천 리 길도 한 걸음부터 시작됩니다.

나까지마 오지루는 "당신의 미래는 지금 무엇을 하고 있느냐에 따라 결정된다."라고 말했습니다. 아무리 큰 비전이 있어도 시작하지 않으면 이루어질 수 없습니다. 많은 성도가 꿈과 비전을 품고만 있습니다. 그러나 준비하는 것이 비전입니다. 시작하는 것이 비전입니다. 꿈을 위해 치르는 대가가 비전입니다.

지금의 행동이 미래를 만듭니다. 그런 의미에서 미래는 바로 지금입니다. 나비로 변신하기 위해서 지금부터 준비하지 않으면 끝내 번데기로 남게 됩니다. 미래는 고정된 모습으로 저 멀리 어딘가에 누워서 우리를 기다리는 것이 아닙니다. 현재가 쌓여 미래가 되는 것입니다.

믿음으로 꿈을 품었다면 지금부터 믿음으로 시작해야 합니다. 우리가 믿음으로 시작하면 하나님이 이루십니다.

바로 오늘부터

오래 전 감동적으로 읽은 소설 『가시고기』에 이런 내용이 있습니다. "그대가 헛되이 보낸 오늘은 어제 죽어간 이가 그렇게 살고 싶어 하던 내일이었습니다."

많은 사람이 오늘을 대할 때 그저 똑같이 반복되는 또 다른 하루로 생각합니다. 그러나 우리는 반복되는 하루를 맞이하는 것이 아니라 항상 새로운 날을 사는 것입니다. 아직 아무도 살아보지 않은 '새날'을 매일 만나는 것입니다. 우리는 오늘을 무의미하게 맞이해서는 안 됩니다. 간절히 바랐지만 오늘을 살아보지 못하게 된 다른 사람들을 생각해서라도 오늘을 의미 있고 보람 있게 보내야 합니다. 그리고 우리가 살아보지 못했던 순수하고 깨끗한 날을 주신 하나님께 감사를 드려야 합니다. 하나님이 우리에게 주신 오늘은 얼마나 귀중하고 소중한 날입니까?

하나님이 주신 꿈을 이루기 위한 준비와 작은 실천도 오늘 시작해야 합니다. 실천을 방해하는 게으름과 부정적인 생각을 버리는 것도 오늘 해야 합니다. 많은 그리스도인이 '내일 하지 뭐', '다음에 하지 뭐'라는 생각으로 살아갑니다. 그러나 우리에게 주어진 '오늘' 꿈꾸지 않으면 내일도 꿈꿀 수 없습니다. '오늘' 시작하지 않으면 내일도 시작할 수 없습니다. '오늘' 기도하지 않으면 평생 기도하지 않는 사람이 됩니다. '오늘' 헌신하지 않으면 내일도 헌신할 수 없습니다. 내일은 나의 것이 아니기 때문입니다. 비전은 내일에 속한 것이 아니라 '오늘'에 속한 것입니다.

하나님의 뜻대로 살아가기를 소망하는 그리스도인이라면, 새날에 대한 감동을 갖고 '오늘'을 살아야 합니다. 그리스도인에게 '오늘'은 최선으로 살아가야 할 소명이기 때문입니다. 무의미하게 오늘을 낭비해서는 안 됩니다. 최선을 다해 하루를 살아야 합니다. 그렇게 산 오늘은 우리가 하나님 앞에 드릴 수 있는 가장 소중한 헌신입니다.

마음에 결심한 것이 있습니까? 그 결심이 얼마만큼 실천으로 이어졌습니까? 작은 실천이 삶을 바꿉니다. 실천 없는 결심은 어리석고 게으른 사람의 자기변명일 뿐입니다. 믿음을 가지고 시작하십이오. 그 작은 시작이 나를 변화시키고, 내 가정과 나아가 세상을 변화시킬 것입니다. 우리가 믿음으로 시작할 때 하나님이 이루십니다.

미래를 꿈꾸는 나에게

1. 올해를 시작하면서 세운 계획을 돌아보며 스스로에게 점수를 매겨 봅시다.

2. 결심이 실천으로 잘 이어지지 않는 이유는 무엇입니까?

3. '시작이 반이다'라는 말이 있습니다. 하나님이 주신 비전을 위해 오늘부터 실천할 내용을 적어보고 새롭게 시작할 것을 다짐해 봅시다.

아무리 큰 비전이 있어도 시작하지 않으면 이루어질 수 없습니다. 많은 성도가 꿈과 비전을 가지고 있습니다. 그러나 가지는 것으로 끝내서는 안 됩니다. 준비하고 시작하는 것이 비전입니다. 꿈을 위해 치르는 대가가 비전입니다.

오르지 못할 산은 없다

오르다
1. 사람이나 동물 등이 아래에서 위쪽으로 움직여 가다
2. 지위나 신분을 얻게 되다
3. 탈것에 타다

시각장애인으로는 최초로 미국 피츠버그 대학에서 교육전공 철학박사 학위를 받은 강영우 박사가 쓴 책 중에 『우리가 오르지 못할 산은 없다』라는 책이 있습니다. 1944년 경기도 양평에서 태어난 그는 중학생 때 축구공에 맞아 실명한 후 좌절에 빠져 삶을 포기하려고 했습니다. 그러나 믿음으로 모든 실의를 딛고 일어나 연세대학교를 차석으로 졸업한 후 미국으로 건너가 한인 최초의 맹인 박사가 되었습니다. 백악관 국가장애위원회 정책 차관보로 8년을 일하며 미국 5천 4백만 장애인들의 자립과 사회통합을 위해 온 열정을 다했습니다. 그는 중학교 3학년 영어 교과서교학사에 현대의 영웅으로 소개되기도 했고, 2001년에는 세계 저명인사 인명사전에 수록되었습니다.

우리는 많은 것을 가지고 있으면서도 할 수 없다고 체념하며 쉽게 포기합니다. 원하는 것을 이루기에 충분하지 않은 조건과 환경을 원망하고 불평합니다. 그러나 큰 장애를 딛고 일어선 사람들의 이야기를 들으면, 우리는 사치스러운 생각과 나약한 정신세계에서 살고 있다는 것을 깨닫게 됩니다. 우리에게 부족한 것은 능력이 아니라 할 수 있다는 믿음과 용기입니다.

우리 앞에 닫힌 문을 보고 체념하기보다는 우리 등 뒤에 하나님이 열어 놓으신 문을 바라보고 일어서야 합니다. 우리에게 오르지 못할 산은 없습니다. 단지 오를 만한 용기가 없을 뿐입니다. 예수님은 '천국은 침노하는 자의 것'이라고 말씀하셨습니다. 믿음으로 시작하는 사람만이 이루게 되어 있습니다.

꿈이 현실이 되었다

베드로와 요한은 성전 문 앞에서 구걸하는 한 사람을 보았습니다. 그는 태어나서 한 번도 걸어본 적이 없는 사람으로 구걸을 하여 근근이 살아가고 있었습니다. 그에게 '스스로 걷는다'는 것은 오르지 못할 산, 곧 닫힌 문이었을 것입니다. 그런데 그런 그에게 놀라운 일이 일어났습니다. 예수 그리스도의 이름으로 일어나 걷게 된 것입니다.

> 베드로가 이르되 은과 금은 내게 없거니와 내게 있는 이것을 네게 주노니 나사렛
> 예수 그리스도의 이름으로 일어나 걸으라 하고 (사도행전 3:6)

당시 많은 사람은 매일 구걸만 하고 걷지 못하던 그가 걷고 뛰는 것을 보고 깜짝 놀랐습니다. 그것은 절대로 일어날 수 없는 일, 불가능한 일이었기 때문입니다. 베드로와 요한은 그가 죽은 자 가운데서 다시 살아나신 나사렛 예수 그리스도의 이름으로 고침받게 되었음을 선포합니다. 예수 그리스도의 이름

의 능력이 사람으로서는 할 수 없는 불가능한 일을 가능한 일로 만들었음을 전한 것입니다.

> 너희와 모든 이스라엘 백성들은 알라 너희가 십자가에 못 박고 하나님이 죽은 자 가운데서 살리신 나사렛 예수 그리스도의 이름으로 이 사람이 건강하게 되어 너희 앞에 섰느니라 (사도행전 4:10)

나사렛 예수의 이름은 우리에게 능력이 되고, 기적이 되고, 회복이 되고, 성공이 됩니다. 우리는 이 놀라운 예수 이름의 능력을 사용하며 살도록 허락된 사람들입니다. 그 이름의 능력으로 오르지 못할 산이 없다는 것을 체험하며 살 수 있는 하나님의 자녀입니다.

그런데도 우리는 예수 이름의 능력을 제대로 사용하며 살지 않습니다. 조금만 힘들면 쉽게 체념하고 빠르게 포기하며 살아갑니다. 우리 안에 예수 이름의 능력을 제한하고 의심하게 만드는 몇 가지 장애물이 있기 때문입니다.

생각의 경계선을 허물어야 한다

베드로의 말에서 우리가 주목해야 할 단어가 있습니다. '나사렛 예수의 이름으로'입니다. 베드로는 왜 '나사렛 예수'라고 말했을까요? 당시 나사렛은 아주 조그만 시골 마을로 모든 사람이 무시하던 하찮은 동네였습니다. '어떻게 그런 동네에서 메시아가 나올 수 있겠어?' 사람들은 그렇게 생각했습니다. 그래서 나사렛 출신인 예수님을 메시아로, 그리스도로, 주님으로 인정하지 않았습니다. 사람의 고정관념이 예수님의 실체와 능력을 받아들이지 못하게 한 것입니다. 베드로는 바로 그런 사람들에게 너희가 인정하지 않고, 믿지 않고, 무시하고, 멸시하여 십자가에 달아 죽인 '나사렛 예수의 이름'이 너희 앞에서 이 사람을 건강하게 만들었다고 선포한 것입니다.

실제로 우리도 신앙생활에 있어서 우리의 고정관념을 깨뜨리지 못할 때가 많습니다. 전능하신 하나님을 믿는다고 고백하며 하나님의 일하심을 구하면서도 결정적인 순간에는 이미 굳어진 생각을 따릅니다. 하나님을 내 작은 사고의 틀 안에 가두는 것입니다.

하지만 사람의 생각과 하나님의 생각은 다릅니다. 사람이 생각하는 하나님의 능력과 실제로 하나님이 가지신 능력은 다릅니다.

하나님의 어리석음이 사람보다 지혜롭고 하나님의 약하심이 사람보다 강하니라

(고린도전서 1:25)

하나님의 능력과 기적을 보려면 우리가 갖고 있는 세상적이고, 세속적인 생각의 경계선을 넘어서야 합니다. 인간적인 욕심과 탐욕으로 가득한 생각의 경계선도 넘어야 하고, 우리의 경험이 만들어 낸 고정관념의 경계선도 넘어서야 합니다. 그래야 하나님께서는 우리가 깜짝 놀랄 만한 복과 기적의 사건들을 경험하게 하십니다.

세상 사람들과 다르게 생각하는 것이 믿음이고, 기적이고, 복입니다. 안 된다는 생각의 경계선을 넘어서고, 방법이 없다는 생각의 경계선을 넘어서십시오. 세상 문화에 오염된 부정적인 생각의 경계선을 넘어서야 합니다. 스스로 설정해 놓은 불신앙의 경계선을 뛰어넘어 하나님이 예비하신 복의 지대로 옮

겨갈 때, 살아계시고 전능하신 하나님께서 우리를 도우실 것입니다.

하나님이 도우시면 오르지 못할 산은 없다

구약의 기드온을 기억하십니까? 기드온은 300명의 군사만으로 미디안 군대와의 싸움에서 이긴 믿음의 사람입니다. 하지만 기드온은 가문으로 보나, 갖고 있는 능력으로 보나 보잘것없는 사람이었습니다. 약탈자인 미디안 사람들에게 알려질까 두려움에 벌벌 떨며 숨어서 타작을 하던 겁쟁이였습니다. 무엇보다 기드온 자신도 스스로를 무척 하찮게 여겼습니다.

> 그러나 기드온이 그에게 대답하되 오 주여 내가 무엇으로 이스라엘을 구원하리이까 보소서 나의 집은 므낫세 중에 극히 약하고 나는 내 아버지 집에서 가장 작은 자니이다 하니 (사사기 6:15)

그런데 여호와의 사자는 기드온을 '큰 용사'라고 불렀습니다.

> 여호와의 사자가 기드온에게 나타나 이르되 큰 용사여 여호와께서 너와 함께 계시도다 하매 (사사기 6:12)

냉정하게 생각해 보면 하나님의 말씀은 너무나 황당한 과대포장입니다. 아무리 생각해도 '큰 용사'는 겁쟁이 기드온에게는 전혀 어울리지 않는 호칭이기 때문입니다. 그러나 우리는 분명히 알아야 합니다. 하나님이 함께하시면 지극히 작고 약한 우리가 세상을 놀라게 하는 큰 용사가 될 수 있습니다. 우리는 비록 가장 작은 자이지만, 하나님이 도우시면 기적을 만드는 큰 용사가 될 수 있습니다. 그래서 저는 우리 교회의 비전 성경 구절을 이사야 60장 22절로 삼았습니다. "그 작은 자가 천을 이루고 그 약한 자가 강국을 이룰 것이다."

오늘날 많은 그리스도인이 전능하신 하나님을 믿으면서도, 믿음 없는 삶을 살아가고 있습니다. 평소에는 믿음이 있는 것처럼 보이지만, 괴로운 상황에 처하고 어려운 문제가 닥치면 금세 믿음 없음이 들통납니다. 무능력하고 연약한 나 자신이 눈에 들어오기 때문입니다. 우리는 기억해야 합니다. 우리는 내가 생각하는 나도 아니고, 다른 사람들이 평가하는 나도 아닙니다. 하나님이 인정하고 평가하시는 내가 '진정한 나'입니다.

기드온은 자신이 지극히 약하고, 가장 작은 자라고 생각했습니다. 그러나 하나님은 그런 그를 통해 수십만의 미디안 연합군을 전멸시키셨습니다. 부정적인 자아상을 믿음으로 회복하고, 믿음 안에서 하나님께 순종했을 때 일어난 일입니다.

부정적인 생각의 경계선을 넘어서고, 굳어버린 믿음의 한계선을 무너뜨리십시오. 하나님은 두려움에 떠는 사람과 일하지 않으십니다. 믿음으로 순종하는 사람들과 함께 새로운 역사를 만드십니다.

하나님의 능력을 제한하고 하나님의 복을 가로막는 믿음의 한계를 무너뜨리십시오. 우리가 믿음의 한계를 정해 놓으면 하나님의 복도 우리가 정해 놓은 믿음의 한계점에서 멈추게 됩니다. 하나님을 바라보는 마음을 열고, 나 자신을 바라보는 마음도 여십시오. 모든 한계를 허무시는 능력의 하나님을 믿을 때, 우리는 하나님이 하시는 놀라운 일을 보게 될 것입니다.

미래를 꿈꾸는 나에게

1. 현실 앞에서 포기해야만 했던 꿈이 있습니까?

2. 도저히 이루어질 것 같지 않았던 꿈이 기도하여 이루어진 적이 있습니까?

3. 하나님의 은혜로 모든 것이 이루어졌음을 알고 하나님께 감사한 적이 있습니까?

세상 문화에 오염된 부정적인 생각의 경계선을 넘어서야 합니다. 스스로 설정해 놓은 불신앙의 경계선을 뛰어넘어 하나님이 예비하신 복의 지대로 옮겨갈 때, 살아계시고 전능하신 하나님께서 우리를 도우실 것입니다.

인생의 룰을 바꾸다

룰
놀이나 운동 경기 따위에서 지키기로 정한 질서나 법칙

　'카페인 우울증'이라는 말이 생겼습니다. 대표적인 SNS인 카카오스토리, 페이스북, 인스타그램의 앞글자를 딴 '카페인'과 이들이 가져다주는 상대적 박탈감과 우울증을 나타내는 말입니다. 실제로 한 해외 대학 연구팀에서 페이스북 사용자를 대상으로 한 설문조사에서는 '오래 사용할수록 우울감을 쉽게 느끼고 자존감을 떨어뜨린다'라는 결과가 나왔습니다. 나는 한 달 내내 열심히 일해도 각종 공과금이며 대출 이자를 갚느라 버거운데, SNS를 통해 알게 된 사람들은 전혀 다른 세상에 살고 있는 것처럼 보이기 때문입니다. 나와 비슷한 나이인데 그들은 넓은 집에 살고, 고급 음식점을 가고, 비싼 옷을 입고, 좋은 차를 타고, 여행도 자주 다닙니다. 부모나 배우자를 잘 만나서 호강하며 사는 그런 사람들을 보면, 부럽기도 하고 나는 왜 이 모양으로 사나 싶어 화도 납니다. 그러다가 잘 알지도 못하는 사람의 인생을 부러워하는 자신이 한심해져 우울해지는 것입니다.

이러한 우울증으로부터 벗어나기 위한 방법으로 SNS 앱의 알림 기능을 끄는 것을 이야기합니다. SNS를 하는 시간을 줄이라는 것입니다. 하지만 이것은 근본적인 방법이 될 수 없습니다. 비교와 경쟁의식을 버리지 않는 한 상대적 박탈감은 언제든 시작될 수 있고, 또 이어질 것이기 때문입니다.

가장 좋은 방법은 행복에 대한 룰을 바꾸는 것입니다. 물길을 바꾸면 물은 자연히 바뀐 쪽으로 흐르게 되어 있습니다. 하지만 잘못 세워진 룰을 바꾸지 않으면, 우리의 인생은 결국 굽은 길로 갈 수밖에 없습니다.

신앙의 룰을 바꿔야 한다

바리새인들이 경건의 모양으로 자신의 의를 포장하며 누가 더 경건한지 논쟁할 때, 예수님은 그들이 '겉은 아름다우나 안은 더러운 것으로 가득하다'고 말씀하시며 책망하셨습니다. 제자들이 서로 누가 크냐고 질문하며 다른 사람보다 더 인정받으려고 했을 때, 예수님은 무릎을 꿇고 제자들의 발을 씻겨 주셨습니다. 누구와 비교해서 얻어지는 안정과 행복, 겉으로 드러나는 착함이 아닌 오직 하나님이 인정하시는 선함과 하나님의 은혜 안에서 누리는 기쁨에 대해 알려 주시려는 것이었습니다. 심지어 예수님은 이 세상을 구원하러 오신 하나님의 아들이지만 가장 참혹한 십자가 죽음으로 그 구원을 이루셨습니다. 세상의 룰을 정면으로 반박하고 깨뜨리신 것입니다.

신앙생활을 오래 하다 보면 자신도 모르게 자기가 만든 신앙의 룰을 갖고 신앙생활을 하게 됩니다. 말씀 대신 자신이 만든 신앙의 룰로 교회를 평가하고, 목사를 평가하고, 다른 성도를 평가합니다. 하나님의 의도나 뜻과는 전혀 상관없는 나만의 룰로 말입니다.

왜 교회에 나가고 있습니까? 마음의 평안을 얻기 위해서? 경쟁이 치열한 세상에서 자유를 누리고 싶어서? 하지만 교회는 얻으러 가는 곳이 아니라 버리러 가는 곳입니다. 신앙이란, 내가 기존에 가지고 있던 모든 인생의 룰을 깨뜨리고 하나님의 룰을 받아들이는 것입니다. 나 중심의 인생을 하나님 중심으로 바꾸고 움켜잡았던 것들을 내려놓는 것이 신앙입니다. 내려놓는다는 것은 포기나 체념을 뜻하는 것이 아닙니다. 내 주장이나 생각이 하나님의 뜻이나 계획과 상충될 때 내 주장을 버리고 하나님의 계획을 따르는 것입니다.

하나님은 나를 사랑하셔서 하나뿐인 아들의 목숨까지도 내놓으신 분입니다. 그분의 룰을 받아들이고 나의 모든 것을 맡길 때, 하나님은 나를 책임져 주십니다. 평안과 자유는 그때 얻을 수 있는 보너스입니다. 신앙은 삶의 방법을 바꾸는 것이 아니라 삶의 기준과 규칙을 바꾸는 것입니다. 하나님의 룰을 받아들이고 싶습니까? 그렇다면 먼저 내가 가지고 있던 룰을 미련 없이 버려야 합니다. 나에게는 어떤 룰이 있습니까?

내 생각 버리기

아람 왕의 군대 장관 나아만은 나병환자였습니다. 그는 사마리아에 있는 엘리사가 자신의 병을 고쳐 줄 수 있을 거라는 이야기를 듣게 됩니다. 아람 왕은 친히 글까지 써서 그를 이스라엘로 보냅니다. 나아만은 아람 지방에서의 자신의 위치와 중한 병에 걸맞게 치료가 이루어질 것이라고 생각했을 것입니다. 하지만 그의 기대와는 달리 엘리사는 직접 얼굴을 보이지도 않고 신하를 통해 나아만이 해야 할 일을 일러 줍니다.

엘리사가 사자를 그에게 보내 이르되 너는 가서 요단 강에 몸을 일곱 번 씻으라 네 살이 회복되어 깨끗하리라 하는지라 (열왕기하 5:10)

나아만은 어처구니가 없었습니다. 엘리사가 자신의 상태를 살피지도 않았을 뿐더러 말도 안 되는 방법을 제시했기 때문입니다.

나아만이 노하여 물러가며 이르되 내 생각에는 그가 내게로 나와 서서 그의 하나님 여호와의 이름을 부르고 그의 손을 그 부위 위에 흔들어 나병을 고칠까 하였도다 (열왕기하 5:11)

'내 생각에는'에서 알 수 있듯이 이것은 나아만이 생각하기에 적절한 방법이 아니었습니다. 자신의 생각과 맞지 않았기에 그는 화가 났습니다. 그런데 그냥 돌아가려는 나아만 장군을 부하들이 말립니다.

그의 종들이 나아와서 말하여 이르되 내 아버지여 선지자가 당신에게 큰 일을 행하라 말하였더면 행하지 아니하였으리이까 하물며 당신에게 이르기를 씻어 깨끗하게 하라 함이리이까 하니 나아만이 이에 내려가서 하나님의 사람의 말대로 요단 강에 일곱 번 몸을 잠그니 그의 살이 어린 아이의 살 같이 회복되어 깨끗하게 되었더라 (열왕기하 5:13-14)

결국 어떻게 되었습니까? 나아만이 '내 생각'을 버리고 하나님 말씀에 순종했더니 나병으로 엉망이 된 몸이 깨끗하게 되었습니다. 만약 그가 끝까지 자신의 생각을 움켜쥐고 있었다면, 그는 병에서 낫지 못했을 뿐만 아니라 평생 엘리사에 대한 분노와 우울함을 안고 살아갔을 것입니다.

죄의 본질은 '자기주장'입니다. 나의 의, 나의 생각, 나의 계획을 주장하는 것, 곧 자신의 룰을 고집하는 것입니다. 자기주장을 굽히지 않으면 하나님의 룰이 들어설 틈이 없습니다. 하나님의 질서가 우리를 주장하지 않으면 우리는 죄 가운데 머물 수밖에 없습니다.

세상과 다르게 사는 사람들

인간은 육체를 가진 존재이기에 먹을 떡이 필요합니다. 또한 마음을 가진 존재이기에 아픔과 슬픔, 외로움과 분노를 느낍니다. 하나님도 그것을 아십니다. 하지만 하나님의 자녀가 된 우리는 하루 먹을 떡을 위해 사는 존재가 아닙니다. 영생의 떡이신 예수님을 위해 사는 존재입니다. 남과 비교하여 나의 가치를 증명하는 존재가 아닙니다. 이미 우리는 하나님이 사랑하시는 'The special one'이기 때문입니다. 우리는 세상 사람들이 걷는 길을 따라 걸어서는 안 됩니다. 세상의 룰, 나의 룰이 아닌 하나님의 룰이 지배하는 인생을 살아야 합니다.

기독교 정신으로 세워진 거창고등학교는 대안학교 중에서도 명문으로 이름난 학교입니다. 이 학교에는 다음과 같은 직업 선택 십계명이 있습니다.

1. 월급이 적은 쪽을 선택하라
2. 내가 원하는 곳이 아니라 나를 필요로 하는 곳을 택하라
3. 승진의 기회가 거의 없는 곳을 택하라
4. 모든 조건이 갖추어진 곳을 피하고 처음부터 시작해야 하는 황무지를 선택하라

5. 앞을 다투어 모여드는 곳에는 가지 마라. 아무도 가지 않는 곳으로 가라

6. 장래성이 전혀 없다고 생각되는 곳으로 가라

7. 사회적 존경을 바라볼 수 없는 곳으로 가라

8. 한가운데가 아니라 가장자리로 가라

9. 부모나 아내나 약혼자가 결사반대를 하는 곳이면 틀림없다. 의심치 말고 가라

10. 왕관이 아니라 단두대가 기다리고 있는 곳으로 가라

우리가 생각하기에 말이 되지 않는 것들뿐입니다. 그러나 이렇게 세상의 룰과는 전혀 다른 정신으로 훈련된 학생들은 대부분 훌륭한 인격자로 변하여 졸업을 한다고 합니다.

예수님을 믿기 전에 가졌던 인생의 룰을 예수님을 믿은 후에도 유지하고 있다면 진지하게 생각해 봐야 합니다. 내 가치관, 내 자존심, 내 경험, 내 생각, 내 계획 등이 여전히 나를 주장하고 있는 것인지도 모릅니다. 똑똑하고 능력 있는 그리스도인은 많은데 바른 정신을 가지고 하나님의 룰대로 살아가는 그리스도인이 많지 않은 이유는, 많은 그리스도인이 여전히 '내 생각에는'을 마음에 품고 있기 때문입니다.

물론 하나님의 룰대로 살지 않아도 살아갈 수는 있습니다. 하지만 그렇게 되면 하나님의 자녀가 누릴 수 있는 참된 행복을 놓치며 살아가게 됩니다. 세상의 빛과 소금으로 살아가야 할 사명을 다하지 못하게 됩니다.

세상 사람을 따라가는 걸음을 멈추고, 주님이 앞장서신 길을 따라가십시오. 그 길을 따라가면 새로운 미래가 열리고, 소망이 끊어지지 않을 것입니다. 인생의 룰을 바꾸십시오.

미래를 꿈꾸는 나에게

1. 최근에 경험한 우울증이나 소외감, 분노는 무엇으로 인한 것입니까?

2. 교회나 성도를 판단하는 나만의 룰이 있습니까? 있다면, 그것의 기준이 되는 것은 무엇입니까?

3. 세상과 다르게 사는 것이 두렵다면, 그 이유는 무엇입니까?

신앙이란, 내가 가지고 있던 인생의 룰을 깨뜨리고 하나님의 룰을 받아들이는 것입니다. 나 중심의 인생을 하나님 중심으로 바꾸는 것이 신앙입니다. 내 생각이 하나님의 뜻이나 계획과 상충될 때 내 주장을 버리고 하나님의 계획을 따르는 것이 참 신앙입니다.

열매 맺는 삶

맺다
열매나 꽃망울 따위가 생겨나거나 그것을 이루다

어떻게 보면 농사는 하늘에 달렸습니다. 적당한 때에 비가 내리지 않으면 뿌린 씨앗이 제대로 자랄 수 없기 때문입니다. 하지만 그렇다고 하늘에게만 책임을 물 수는 없습니다. 열매를 품고 있는 씨는 농부가 뿌려야 하는 것이기 때문입니다.

유목민이던 이스라엘 백성은 가나안 땅에 들어오면서 농사를 배우기 시작했습니다. 가나안 땅에서는 우리나라처럼 물을 대어 농사를 짓지 않고, 비와 이슬로만 농사를 지었습니다. 이스라엘 백성에게는 '하나님이 때를 따라 적당하게 비를 내려 주신다'라는 믿음이 있었습니다.

씨를 뿌리는 것도 각각의 때가 있습니다. 따라서 씨를 뿌려야 할 때는 아무리 힘들고 아파도 씨를 뿌려야 합니다. 씨 뿌리는 시기를 놓치면 한 해 농사를 망치기 때문입니다. 신앙생활도 마찬가지입니다. 열매를 거두기 위해서는 지치고 힘들더라도 씨를 뿌려야 합니다. 지금 내 현실이 아무리 힘들고, 바쁘고, 괴롭고, 시간이 없어도 씨를 뿌려야 합니다. 가장 바쁜 인생의 시기를 보내고 있다 하더라도 열매를 맺기 위해서는 씨를 뿌려야 합니다. 지금이 바로 가족과 친구를 위해 기도의 씨를 뿌려야 할 때입니다. 기쁨으로 곡식을 거두기 위해서는 울더라도 믿음의 씨를 뿌려야 할 때인 것입니다.

반드시 기쁨으로 거둘 날이 온다

시편 126편은 '성전에 올라가며 부르는 노래'입니다. 포로 귀환으로 돌아온 백성들이 성전의 회복과 더 나아가서 아직 남아 있는 이스라엘 포로들의 회복을 기도하며 노래한 것입니다. 이것은 인간적으로 생각할 때 전혀 가능성이 없는 기도였습니다. 그러나 이들은 자신들이 울면서 뿌리는 씨가 남은 사람들을 다시 귀환하게 만드는 기적의 열매로 거둬질 것을 믿었습니다.

울며 씨를 뿌리러 나가는 자는 반드시 기쁨으로 그 곡식 단을 가지고 돌아오리로다 (시편 126:6)

실제로 이들의 간절한 눈물의 기도는 '제2차 포로 귀환'이라는 열매로 나타났습니다. 우리가 울더라도 뿌리는 씨는 반드시 기쁨으로, 기적의 열매로 거두게 됨을 기억해야 합니다. 하나님은 심는 대로 거두게 하시는 분입니다. 그래서 울더라도 씨를 뿌리는 사람에게 기쁨으로 거두고 수확하게 하십니다.

신앙생활을 잘하는 비결은 주님이 내일 오실 것처럼 깨어 있는 믿음의 삶을 살되, 주님이 천년 뒤에 오신다고 할지라도 지치지 않는 섬김의 삶을 사는 것입니다. 하나님은 우리의 믿음과 헌신을 기억하십니다. 사람은 잊어도 하나님은 잊지 않으십니다. 하나님 일에 무의미한 것은 없습니다. 의심하지 말고 뿌리고, 지치지 말고 뿌리고, 기적의 날을 기대하며 씨를 뿌리십시오. 하나님은 씨를 뿌리는 우리의 눈물을 잊지 않으시고 반드시 기쁨과 기적의 열매를 거두게 하실 것입니다.

살아계신 하나님의 기적을 보기 원하십니까? 울더라도 기적의 씨를 뿌리십시오. 우리를 사랑하시는 하나님은 반드시 기쁨으로 기적의 열매를 거두게 하실 것입니다. 위대하신 하나님의 복을 원하십니까? 울더라도 축복의 씨를 뿌리십시오. 온전한 믿음과 간절한 기도와 열정의 섬김과 헌신의 씨가 뿌려진 자리에는 기쁨의 열매가 열릴 것입니다.

하나님이 주신 기회를 잡아야 한다

하나님은 이스라엘 백성을 택하셔서 열매를 맺을 수 있는 기회들을 주셨습니다. 그런데 그들은 열매를 맺기 위해 노력하기보다, 자신들의 욕심만 채우려다가 하나님의 기회를 놓쳤습니다. 하나님께 쓰임받아 하나님의 자랑이 되고 하늘의 복을 받을 수 있는 기회를 놓친 것입니다.

하나님이 이스라엘을 선택하신 이유는 그들이 훌륭한 민족이었기 때문이 아닙니다. 오히려 부족하고 모자란 백성이었기 때문에 그들을 선택하셨습니다. 하나님은 보잘것없는 이스라엘 민족을 통해 당시 우상들을 섬기고 있던 모든 나라와 민족이 오직 하나님만이 유일한 신이심을 알게 하려 하신 것입니다.

그가 이르시되 네가 나의 종이 되어 야곱의 지파들을 일으키며 이스라엘 중에 보

전된 자를 돌아오게 할 것은 매우 쉬운 일이라 내가 또 너를 이방의 빛으로 삼아

나의 구원을 베풀어서 땅 끝까지 이르게 하리라 (이사야 49:6)

그런데 미련한 이스라엘 백성은 자신들이 잘나고 똑똑해서 택함받은 것으로 착각했습니다. 하나님이 택하신 목적대로 살지는 않으면서 하나님이 택하셨다는 선민의식을 가지고 우쭐댄 것입니다. 그래서 이사야 선지자는 이스라엘 백성들에게 하나님의 경고를 전했습니다. 하지만 이스라엘은 미천하고, 별 볼 일 없던 자신들을 택하셔서 좋은 기회를 주신 하나님의 은혜와 사랑을 깨닫지 못하고 도리어 이 사실을 깨우쳐 주는 선지자들을 핍박하고 사망에 이르게 했습니다. 하나님께 쓰임받을 수 있는 영광의 기회, 복된 기회를 자신들이 멸망하게 되는 불행의 원인, 저주의 기회로 만든 것입니다. 이 얼마나 슬프고 원통한 일입니까?

마찬가지로 오늘날 많은 사람이 하나님이 주신 복받을 기회를 살리지 못합니다. 도리어 슬퍼하고 후회할 일을 하며 살고 있습니다. 우리는 하나님이 주신 기회를 살리지 못한 이스라엘 사람들에게 하신 예수님의 말씀을 기억해야 합니다.

그러므로 내가 너희에게 이르노니 하나님의 나라를 너희는 빼앗기고 그 나라의

열매 맺는 백성이 받으리라 (마태복음 21:43)

하나님이 주실 영광과 복은 하나님 나라의 열매를 맺는 자가 받게 됩니다.

열매 맺는 자의 자세

아주 특별한 경우를 제외하고는 폼이 좋아야 훌륭한 운동선수가 될 수 있습니다. 좋은 자세에서 훌륭한 실력이 나오기 때문입니다. 인생에서도 좋은 자세와 태도를 갖는 것은 매우 중요합니다. 유명한 심리학자이며 상담학계의 거장인 게리 콜린스는 수많은 상담 사례를 통해 '습관이 가치관'이라고 주장합니다. 인생의 자세와 태도가 결국 그 사람의 인생을 이끌어 간다는 것입니다.

신앙생활도 마찬가지입니다. 아무리 믿은 지 오래되고, 다양한 봉사의 자리에서 섬기고 있다고 해도 신앙의 자세와 태도가 좋지 않으면 하나님이 기뻐하시는 열매를 맺을 수 없습니다. 그렇다면 우리가 가져야 할 바른 자세와 태도는 무엇일까요?

첫째, 인내입니다. 'No pain, No gain'이라는 말이 있습니다. 고통 없이는 얻을 수 없다는 의미입니다. 열매를 맺기 위해서는 고통이 따릅니다. 때로는 오랫동안 기다려야 할 수도 있습니다. 그래도 우리는 포기하지 않고 끝까지 인내해야 합니다. 욥에게 주신 결말이 우리에게 인내해야 할 이유를 가르쳐 줍니다. 둘째, 감사하는 마음입니다. 똑같은 씨를 심어도 어떤 토양에 심느냐에 따라 나무의 크기와 열매가 달라집니다. 부정적이고 비판적인 마음을 긍정적이고 감사하는 마음으로 바꿔야만 믿음의 열매를 30배, 60배, 100배 맺을 수 있습니다. 감사는 하나님을 경험하는 기적의 통로고, 불평과 원망은 사탄을 부르는 주문입니다. 마지막으로, 하나님의 열심입니다.

내가 하나님의 열심으로 너희를 위하여 열심을 내노니 내가 너희를 정결한 처녀로 한 남편인 그리스도께 드리려고 중매함이로다 … (고린도후서 11:2)

'하나님의 열심'이란 우리에게 쓰임받을 수 있는 기회를 주신 하나님에 대한 열정을 의미합니다. 하나님도 우리를 구원하시기 위해 독생자 예수님을 이 땅에 보내는 열정을 보여 주셨습니다. 그렇기 때문에 우리 또한 하나님의 열심을 품고 살아야 합니다. 하나님에 대한 열심이 아름다운 열매를 맺게 합니다. 그러나 나를 위한 열심, 세상을 향한 열정으로는 하나님이 바라시는 열매를 맺을 수 없습니다.

> 자기의 육체를 위하여 심는 자는 육체로부터 썩어질 것을 거두고 성령을 위하여 심는 자는 성령으로부터 영생을 거두리라 (갈라디아서 6:8)

아무리 값지고 귀한 것이라도 하나님 안에서 맺는 열매와는 비길 수 없습니다. 우리는 세상 유혹과 인간적인 탐욕을 물리치고 하나님이 기뻐하시는 열매를 맺는 일을 선택해야 합니다. 열매 없이 잎사귀만 무성한 무화과나무가 되지 말고 하나님을 기쁘게 하고, 하나님의 자랑이 되며, 하나님을 감탄하게 만드는 열매를 맺으십시오. 씨 뿌리는 때를 놓치지 말고, 하나님이 주신 기회를 잡아 인내와 감사와 열정으로 하나님이 기뻐하시는 믿음과 사랑과 충성의 열매를 맺으십시오. 축복의 열매는 하나님의 열정을 품고 살아가는 사람들에게 주시는 하나님의 선물입니다.

미래를 꿈꾸는 나에게

1. 믿음 안에서 뿌린 씨앗이 열매를 맺은 경험이 있습니까?

2. 하나님이 지금 나에게 주신 기회는 무엇입니까?

3. 인내, 감사, 열정 중 나에게 가장 부족한 것은 무엇입니까? 그것을 끌어올리기 위해
   무엇을 해야겠습니까?

신앙생활을 잘하는 비결은 주님이 내일 오실 것처럼 깨어 있는 믿음의 삶을 살되, 주님이 천년
뒤에 오신다고 할지라도 지치지 않는 섬김의 삶을 사는 것입니다. 하나님은 눈물의 씨를 뿌리
는 우리를 잊지 않으시고 반드시 열매를 거두게 하실 것입니다.

천국은 가까운 곳에 있다

짐 콜린스가 쓴 『위대한 기업은 다 어디로 갔을까?』라는 책에는 한때는 잘나가던 기업들이 어느 날 갑자기 무너지고 사라지는 5가지 단계와 이유에 대한 설명이 잘 나와 있습니다. 간략하게 설명하자면, 성공으로 인한 자만심이 원칙 없는 욕심으로 이어지고 위험이나 위기에 대한 준비 없이 기업을 이끌기 때문입니다. 그래서 저자는, 훌륭한 리더는 겸손한 마음으로 늘 스스로를 긴장시키고, 발전을 위해 끊임없이 노력하는 반면, 그렇지 않은 리더는 자신의 능력을 과신하며 잘되면 내 탓, 못 되면 주변 여건이나 남을 탓하는 것이라고 이야기합니다. 즉, 현실에 안주하고, 미래를 준비하지 않으면 아무리 위대한 기업이라고 해도 망할 수 있습니다.

어디 기업을 운영하는 것만 그렇겠습니까? 공부든, 사업이든, 관계든 근거 없는 자만심에 빠져 더 나아지기 위해 노력하지 않고, 다가올 앞날을 준비하지 않으면 결국 무너지게 됩니다.

우리는 하나님 나라와 예수님의 다시 오심을 기다리는 사람들입니다. 이것을 확신한다면 우리는 늘 준비하는 사람이어야 합니다. 많은 그리스도인이 각자에게 주어진 일과 공동체를 위해서는 변화와 노력의 중요성을 인식하면서도 다가올 하나님 나라에 대해서는 나태한 태도를 취할 때가 많습니다. 그날이 올 것은 알지만, 아직은 멀게 느껴지기 때문입니다. 하지만 성경은 주님의 재림은 도적처럼 갑작스럽게 이루어질 것이라고 예고합니다. 따라서 우리는 언제 주님이 오셔도 그분을 기쁘게 맞이할 준비를 하고 있어야 합니다. 영적으로 깨어 있어야 하고, 믿음으로 준비하고 있어야 합니다. 준비하지 않는 사람은 하나님 앞에서 부끄러운 구원을 받을 수밖에 없습니다.

지혜롭게 준비해야 한다

예수님은 우리에게 '지혜 있는 종'이 되라고 말씀하십니다. 어떤 사람이 지혜로운 종일까요? 내가 누군지, 내가 어떤 사람인지를 정확히 아는 사람입니다. 따라서 지혜로운 사람은 예수님을 인생의 주인으로 모시고 삽니다.

이러므로 너희도 준비하고 있으라 생각하지 않은 때에 인자가 오리라 충성되고 지혜 있는 종이 되어 주인에게 그 집 사람들을 맡아 때를 따라 양식을 나눠 줄 자가 누구냐 주인이 올 때에 그 종이 이렇게 하는 것을 보면 그 종이 복이 있으리로다 (마태복음 24:44-46)

성경에 나타난 것처럼 우리는 하나님의 종입니다. '종'은 '하나님을 섬기는 사람'이라는 뜻입니다. 그리스도인은 예수님이 우리의 구원자요, 주인이심을 믿는 사람입니다. 우리는 하나님과 사람들 앞에서 그리스도인이라는 사실을 드러내는 것을 감추거나 두려워해서는 안 됩니다.

누구든지 나와 내 말을 부끄러워하면 인자도 자기와 아버지와 거룩한 천사들의 영광으로 올 때에 그 사람을 부끄러워하리라 (누가복음 9:26)

지혜로운 사람은 내가 무엇을 하는 사람인지 알고 있습니다. 우리는 하나님이 빌려 주신 인생을 잠시 맡은 자일 뿐입니다. 그렇기 때문에 주님 앞에 서는 날 부끄럽지 않도록 지혜로운 청지기가 되어야 합니다.

요셉은 어떤 환경에서도 지혜롭게 최선을 다하는 사람이었습니다. 노예임에도 불구하고 바로의 친위대장 보디발의 집 총무로서 집안의 모든 일을 지혜롭게 감당했습니다. 억울한 일로 감옥에 갇혀 있는 중에도 자신의 처지를 비관하지 않고 맡겨진 일에 최선을 다했습니다. 그는 살면서 겪는 모든 것이 하나님이 맡겨 준 것임을 알았기 때문입니다. 우리는 하나님의 청지기라는 믿음으로 겸손하게 살아야 합니다.

충성스럽게 준비해야 한다

예수님은 우리에게 '충성된 종'이 되라고 말씀하십니다. 충성이 무엇입니까? 정성을 다하는 것입니다. 우리가 살고 있는 시대에는 '충성의 가치'가 사라져가고 있습니다. 상황에 따라 적절하게 변신하는 사람이 성공하고 있습니다. 그러나 우리는 끝까지 충성된 종으로 살아야 합니다. 아무리 힘들고 어려워도 끝까지 충성스럽게 주님을 섬기는 자가 되어야 합니다. 하나님은 신실하신 분이기 때문에 믿음과 충성으로 심는 대로 거두게 하십니다.

그렇다면 우리는 어떻게 충성하고, 어떤 일에 충성해야 할까요? 하나님이 원하시는 충성은 작고 사소한 일에 최선을 다하는 것입니다. 작은 일에 충성하지 못하는 사람은 큰일을 맡겨도 절대로 충성하지 못합니다. 주님은 이렇게 말씀하십니다.

그 주인이 이르되 잘하였도다 착하고 충성된 종아 네가 적은 일에 충성하였으매 내가 많은 것을 네게 맡기리니 네 주인의 즐거움에 참여할지어다 하고

(마태복음 25:21)

하나님은 일의 크기가 아니라 일을 대하는 우리의 자세를 보십니다. 하나님을 믿는다는 것은 내게 주어진 일들이 하나님이 허락하신 일임을 인정하는 것입니다. 따라서 주어진 일에 충성을 다하는 것은 하나님을 신뢰하는 것과 같습니다.

여기 이곳이 하나님 나라이다

어떤 사람들은 '어느 순간 세상이 좋아지겠거니' 하는 막연한 희망을 품고 평생을 보냅니다. 어느 날엔가 우연히 우리의 좋지 않은 상황이 놀랍게 바뀌기를 기대하는 마음을 갖고 있습니다. 그래서 사람들이 복권을 사는지도 모르겠습니다. 그러나 한 통계에 따르면 고액 복권에 당첨된 사람들 대다수가 행

운을 차지한 뒤 오히려 불행하고도 힘겨운 경제 상황으로 되돌아간다는 것이 밝혀졌습니다. 엄청난 상금을 타고 2년이 흘렀을 뿐인데 다섯 사람 가운데 네 사람은 오히려 뜻밖의 행운이 찾아오기 전보다 더 못한 형편에 놓인다는 것입니다.

또 어떤 사람들은 멀리 있는 하나님 나라만을 바라보며 이 땅에서는 한숨 속에 살아갑니다. 삶은 원래 눈물과 근심뿐이라는 생각으로, 바뀔 수 있다는 소망이나 기대는 내려놓고 먼 미래만을 꿈꾸며 우울하게 살아가는 것입니다.

그런데 이 두 부류의 사람들은 모두 자신의 내면을 바꾸지 못하기 때문에 외부의 상황 또한 바꿀 수 없는 것입니다. 변해야 하는 것은 환경이 아닙니다. 내가 변해야 세상이 변합니다. 내가 좋아져야 환경이 좋아지고, 다른 사람들도 좋아집니다. 내가 변하기 전에는 아무것도 변하지 않는다는 것을 기억하십시오. 그래서 주님은 '너희 마음과 생각을 새롭게 하라'고 말씀하셨습니다.

미국의 사업가인 제임스 론은 이런 말을 했습니다.

"당신이 변하지 않는 한, 이미 갖고 있는 것 말고는 아무 것도 얻을 수 없다. 누가 당신에게 백만 달러를 주거든 백만장자가 되는 게 최선책이다. 그렇지 않으면 그 돈을 계속 지닐 수 없을 테니까!"

이 말의 의미는 무엇입니까? 백만 달러의 돈이 생겼다고 해서 백만 달러 부자의 삶을 사는 것은 아니라는 뜻입니다. 왜냐하면 백만 달러 부자의 사고방식을 가지고 행동을 하지 않으면 결국 그 돈을 다 잃게 되기 때문입니다.

우리는 하나님의 자녀가 되었습니다. 하나님 자녀로서의 복을 받기 원한다면 먼저 하나님 자녀다운 생각을 품어야 합니다. 내 마음과 자세를 바꾸어야 한다는 말입니다. 그런 노력 없이는 오늘은 결국 어제와 닮은꼴일 수밖에 없습니다. 더 좋은 내일을 원한다면 우리의 생각과 삶의 태도를 변화시켜야 합니다.

더 좋은 내일이란, 곧 오실 예수님을 맞이할 준비를 하는 오늘 하루에서부터 시작합니다. 우리가 마음을 잘 지키고, 하나님을 우리 삶의 주인으로 모시고 산다면 우리의 마음이 천국이 되는 것입니다. 천국은 멀지 않습니다. 상황과 환경이 아무리 어렵고 힘들더라도 주님과 동행하며 산다면 우리는 천국에 살고 있는 것입니다.

이동원 목사님이 쓰신 『우리가 사모하는 건강한 교회』라는 책에 이런 내용이 소개됩니다. 동화 작가 정채봉 선생님이 법정 스님을 찾아간 적이 있었습니다. 무더운 여름이어서 낮잠을 자기에 딱 좋은 그런 날씨였습니다. 정채봉 선생님은 법정 스님이 산사에 계시지 않아 낮잠을 주무시나 생각했는데, 마침 언덕길을 내려오시는 스님을 만났습니다. 무엇을 하고 오셨냐고 물으니 스님은 칼로 대나무를 깎고 있었다고 말했습니다. 이 무더운 여름에 왜 그렇게 위험한 일을 하셨느냐는 질문에 스님은 이렇게 대답했습니다. "졸지 않고 깨어 있기 위해서지요."

불교는 의식이 깨어 있는 것을 강조합니다. 하지만 성경은 영적으로 깨어 있으라고 가르칩니다. 영적으로 혼탁한 때입니다. 깨어 있지 않으면 믿음과 진리와 영성과 사랑이 무너질 수밖에 없습니다. 그렇기 때문에 깨어 있는 그리스도인이 되어야 합니다. 생각과 의식만 깨어 있는 것이 아니라 영적으로 깨어 있어야 합니다. 영적으로 깨어 있을 때 곧 오실 예수님을 맞이할 준비를 하고 가까이 있는 천국을 누리며 살 수 있습니다. 그리고 오늘을 천국으로 누리고 사는 사람은, 다시 오실 예수님 앞에서 부끄럽지 않은 구원을 받게 될 것입니다.

미래를 꿈꾸는 나에게

1. 내가 하나님의 선한 청지기로서 감당하고 있는 부분은 무엇입니까?

2. 매일의 삶이 천국을 소망하는 삶입니까?

3. 지혜롭고 충성스러운 삶을 위해 내 마음에서 지켜야 할 부분은 어디입니까?

더 좋은 내일이란, 곧 오실 예수님을 맞이할 준비를 하는 이 하루에서부터 시작합니다. 우리가 마음을 잘 지키고, 하나님을 우리 삶의 주인으로 모시고 산다면 우리의 마음이 천국이 되는 것입니다. 주님과 동행하며 사는 이 하루가 천국입니다.

영원한 가치, 복음을 전하다

복음

1. 기쁜 소식

2. 예수의 가르침. 또는 예수에 의한 인간 구원의 길

부잣집 아들 빌 하이벨스는 바다에서 요트를 타고 각종 취미 생활을 즐기며 살았습니다. 그러던 어느 날 해변의 레스토랑에서 밥을 먹다가 우연히 옆자리에 앉은 노부부의 대화를 듣게 되었습니다.

"여보, 우리가 열심히 돈 벌어 은퇴한 뒤에 이렇게 근사한 해변가 레스토랑에서 아름다운 석양을 바라보며 식사하는 꿈을 가졌었는데 그 꿈이 이루어졌어요."

청년 빌 하이벨스는 큰 충격을 받았습니다. '아니, 평생 힘들게 돈 벌어 은퇴한 뒤에 해변의 레스토랑에서 밥 먹는 것이 삶의 마지막 목표라면 도대체 인생이란 무엇인가?' 그는 인생에 대해 고민하다가 한 야영장에서 예수님을 인격적으로 만나게 되었습니다.

그 뒤 목사가 된 빌 하이벨스는 인생의 참 주인이신 예수님을 만나지 못한 사람들에 대한 뜨거운 열정을 품고 영혼 구원에 힘썼습니다. 그리고 믿지 않는 사람들에게 효과적으로 복음을 전하기 위해 '구도자 예배'라는 혁신적인 목회를 시작했고, 예수 그리스도를 알지 못하고 죽어가는 수많은 영혼에게 뜨겁게 복음을 전했습니다. 그의 관심은 '어떻게 하면 사람들에게 복음을 전할 수 있을까?'였습니다. 그래서 그가 지은 책 제목은 『사랑하면 전도합니다』입니다. 하나님이 살아계심을 믿고 영원히 사는 것을 믿는다면, 하나님을 알지 못하고 죽어가는 사람에게 전도하게 됩니다.

때가 악하니라

최근 몇 년 동안 돈을 벌게 해 주겠다는 금융사기업자들에게 사기를 당한 사람들의 피해액이 몇십 조를 넘었다고 합니다. 정말 기가 막힌 일이 아닐 수 없습니다. 조금만 깊이 생각하면 이상하다는 것을 알 수 있을 텐데, 사람들은 왜 이런 사기극에 속아 넘어 갈까요? 해외 투자를 내세우고, 일반 금융 기관이 주지 못하는 이자를 제공한다고 그럴 듯하게 포장하여 선전하기 때문입니다. 요즘 사람들이 가장 필요로 하는 것, 가장 원하는 것이 무엇인지 알고, 그것을 이용하여 미끼를 던지는 것입니다.

비단 돈에 관한 것만이 아닙니다. 영적인 삶에 있어서도 이런 사기가 존재합니다. 위로와 쉼이 필요한 지친 사람들에게 영원한 안식, 참된 평화, 전인치유 등을 내세워 잘못된 길에 들어서도록 유혹합니다. 가난한 사람들이 금융 사기의 덫에 쉽게 걸리는 것처럼 어딘가에 기대고 싶고 위로가 절실한 사람들이 잘못된 종교나 미신 등에 빠집니다. 삶의 문제를 해결하고 싶고 답답한 현실에 쉽게 휘둘리고 싶지 않은데, 그 답을 모르기 때문에 다가오는 손길을 냉큼 잡는 것입니다.

그래서 먼저 믿게 된 우리가 나서야 합니다. 하나님만이 참 진리이고, 하나님만이 영원한 안식과 참된 평화를 주실 수 있는 분임을 전해야 합니다. 복음만이 사람을 살리는 능력이고, 사람들의 유일한 희망인 것을 알려야 합니다. 하나님은 나 혼자만 하나님을 알고 믿고 천국 소망을 품는 것을 원하지 않으십니다. 우리가 먼저 알게 된 것은, 우리를 통해 하나님을 알아야 할 사람이 있기 때문입니다.

그런데 전도하려고 마음을 먹어도 막상 무슨 말을 먼저 해야 할지 막연한 것이 사실입니다. '전도는 어려운 것'이라는 생각이 우리에게 있기 때문입니다. 하지만 복음은 수학 방정식처럼 복잡한 것이 아니라 단순한 것입니다. 복음의 핵심은 예수님의 탄생, 십자가의 죽음, 부활, 승천, 재림입니다. 이것을 믿고 입으로 시인하는 것이 구원이고, 그 구원에 이르도록 사실을 바르게 전하는 것이 전도입니다.

> 네가 만일 네 입으로 예수를 주로 시인하며 또 하나님께서 그를 죽은 자 가운데서 살리신 것을 네 마음에 믿으면 구원을 받으리라 사람이 마음으로 믿어 의에 이르고 입으로 시인하여 구원에 이르느니라 (로마서 10:9-10)

문제는 나에게 복음에 대한 확신이 없는 것입니다. 그렇다면 먼저 내가 복음이 무엇인지 다시 듣고, 다시 알아야 합니다. 창조주 하나님이 세상을 다녀가셨다는 것을 믿고, 창조주 하나님이 다시 오실 것을 기대해야 합니다.

내가 다시 전해야 할 복음

우리가 복음에 대한 열정을 품고, 복음을 다시 전하기로 결심해야 하는 분명한 이유가 있습니다. 첫째, 그분께 받은 사랑이 강권하기 때문입니다.

> 우리가 만일 미쳤어도 하나님을 위한 것이요 정신이 온전하여도 너희를 위한 것이니 그리스도의 사랑이 우리를 강권하시는도다 우리가 생각하건대 한 사람이 모든 사람을 대신하여 죽었은즉 모든 사람이 죽은 것이라 (고린도후서 5:13-14)

사도 바울은 그리스도의 사랑이 복음을 전하도록 강권한다고 고백합니다. '강권'이란 그리스도의 사랑이 우리를 사로잡고 있어서 그 사랑 때문에 복음을 전하지 않고는 견딜 수가 없는 상태를 말하는 것입니다. 우리를 향한 그리스도의 사랑이 얼마나 크고 놀라운지 깨닫게 된다면 복음을 전하는 일에 열심을 내게 되어 있습니다.

둘째, 그분이 주신 화목의 사명 때문입니다. 만일 우리를 구원해 주신 그리스도의 사랑에 대한 감격이 식어서 복음증거에 대한 열정이 식었다고 해도, 하나님이 주신 사명 때문에라도 다시 복음을 증거해야 합니다.

> 모든 것이 하나님께로서 났으며 그가 그리스도로 말미암아 우리를 자기와 화목하게 하시고 또 우리에게 화목하게 하는 직분을 주셨으니 곧 하나님께서 그리스도 안에 계시사 세상을 자기와 화목하게 하시며 그들의 죄를 그들에게 돌리지 아니하시고 화목하게 하는 말씀을 우리에게 부탁하셨느니라 (고린도후서 5:18-19)

하나님은 우리에게 화목하게 하는 직분을 주셨습니다. 죄 때문에 하나님과 원수 되어 고통당하고 있는 사람들이 하나님과 화목하게 되어 형통의 은혜를 누릴 수 있도록 돕는 사명을 주신 것입니다. 성경은 그 사명을 우리를 향한 하나님의 '부탁'으로 표현합니다. 그러므로 우리는 기뻐하는 마음으로 기꺼이 이 사명을 감당해야 합니다. 감사한 마음으로, 자발적으로 복음을 증거해야 합니다. 진정한 기쁨과 참 평안을 상실한 채 고달픈 인생을 살아가는 사람들에게 하나님과 화목해지는 길을 알려 줘야 합니다.

그러나 열정만 가지고 무조건 외친다고 되는 것은 아닙니다. 사람들이 복음을 들을 수 있도록 지혜롭게 전해야 합니다. 학교 다닐 때 제가 경험한 것은 수학 선생님이 싫으면 수학 공부를 하지 않습니다. 반면에 음악 선생님이 예쁘고 좋으면 음악을 열심히 하게 되고, 영어 선생님이 멋있으면 영어를 열심히 하게 됩니다. 전도도 마찬가지입니다. 내가 전하는 말 때문이 아니라 나를 보고 교회에 가고 싶고 하나님을 알고 싶다고 생각하게 만들어야 합니다. 한마디로 악의 길로 빠지려는 사람들을 영원한 생명의 길로 인도하는 것은 그리스도인에게 달렸습니다.

진짜 좋은 이웃

주변을 살펴보면 고통스러운 삶을 살아가는 이웃이 참으로 많습니다. 우리는 이런 이웃들에게 좋은 이웃이 되어야 합니다. 좋은 이웃이 된다는 것은 무엇일까요? 마주칠 때마다 친절하게 인사하는 것일까요? 내가 가진 물질이나 시간, 재능을 나누는 것일까요? 이웃이 도움을 요청할 때 순수한 마음으로 도와주는 것일까요? 맞습니다. 하지만 그보다 더 중요한 것은 복음을 나누는 것입니다. 예수님을 믿으면 영원한 소망이 있다는 사실을 나누는 것입니다. 영원한 소망만큼 좋은 것은 없기 때문입니다. 가장 큰 사랑은 그들이 영원한 생명을 얻도록 하나님께로 향하는 길을 알려 주는 것입니다.

> 태초부터 있는 생명의 말씀에 관하여는 우리가 들은 바요 눈으로 본 바요 자세히 보고 우리의 손으로 만진 바라 이 생명이 나타내신 바 된지라 이 영원한 생명을 우리가 보았고 증언하여 너희에게 전하노니 이는 아버지와 함께 계시다가 우리에게 나타내신 바 된 이시니라 (요한일서 1:1-2)

영원한 생명은 우리가 예수 그리스도를 온전히 믿을 때 주어집니다. 믿는 사람들에게는 이 땅에서의 죽음이 끝이 아닙니다. 그들은 죽음 후에 고통과 눈물이 없고 평안과 영원한 안식이 있는 천국으로 갑니다. 하지만 믿지 않는 사람들은 그렇지 않습니다. 그래서 믿는 사람들의 죽음은 언젠가 다시 만날 것을 기약하는 송별이지만, 믿지 않는 사람의 죽음은 영원한 이별입니다. 지금 내 곁에 있는 사람과 영원히 헤어진다고 생각해 보십시오. 하나님이 주신 가장 큰 선물을 그 사람은 받지 못한다고 생각해 보십시오. 참 가슴 아픈 일 아닙니까? 그래서 전도는 사역이 아니라 사랑입니다. 전도는 신앙의 이벤트가 아니라 삶 그 자체입니다.

사랑하는 사람과 영원한 이별을 고하지 않으려면 전도해야 합니다. 다시 만날 것을 알아도 잠깐 동안의 헤어짐에 이토록 가슴이 아프고 그리운데 영원한 이별은 얼마나 피눈물이 나겠습니까? 사랑하는 사람들에게 전도합시다. 시간을 내고 물질을 투자하고 인내하면서 전도해야 합니다. 영원한 생명을 전

하는 좋은 이웃이 되어야 합니다. 사람을 살리는 선한 사마리아인처럼 좋은
이웃이 됩시다.

미래를 꿈꾸는 나에게

1. 복음에 대한 확신이 있습니까?

2. 복음을 전하는 진짜 좋은 이웃이 되어 주고 있습니까? 그렇지 않다면 복음을 전하는
   일에 소극적인 이유는 무엇입니까?

3. 사람을 살리는 능력과 사람의 유일한 희망은 복음임을 기억하며, 복음을 전할 사람을
   생각해 봅시다. 그리고 그 사람에게 사랑과 섬김으로 복음을 전하는 한 해를 계획해
   봅시다.

좋은 이웃이 된다는 것은 복음을 나누는 것입니다. 영원한 소망만큼 좋은 것은 없습니다. 가장
큰 사랑은 그들이 영원한 생명을 얻도록 하나님께로 향하는 길을 알려 주는 것입니다. 전도는
사역이 아니라 사랑이며, 신앙의 이벤트가 아니라 삶 그 자체입니다.

오직 하나님

오직
1. 다른 것은 있을 수 없이
2. 다른 것은 관계없이 전적으로

이어령 씨가 쓴 『빵만으로는 살 수 없다』에는 이런 내용이 있습니다. "내가 병들었을 때 병원에 가면 낫는데 하나님은 진통제만큼도 못하잖아. 내가 아파서 이렇게 가슴이 찢어지면서 매일 기도를 드리는데 하나님은 도대체 어디 계시는가?"

우리는 가끔 진통제보다도 못한 하나님을 경험합니다. '내가 힘든 것 뻔히 다 알고 계시면서 나에게 어떻게 이러실 수가 있지? 하나님이 진짜 계시는 걸까?'라는 서운한 마음이 들 때가 있습니다. 저도 몇 해 전 아이가 생사를 오가는 사고를 당했을 때 잠시 그런 생각이 들었습니다.

그런데 우리가 하나님을 섬기는 이유는 그분이 우리에게 어떤 인간적인 보상을 해 주시기 때문이 아닙니다. 지금 당장 통증을 사라지게 하고, 배고픔을 해결해 주며, 시험에 붙게 해 주시기 때문이 아닙니다. 육체의 아픔이 있고,

실패를 경험하고, 매일의 삶 속에서 크고 작은 문제가 발생함에도 우리가 하나님을 믿고 섬겨야 하는 이유는 그분에게만 생명이 있고 영생이 있기 때문입니다. 상황이 좋아지거나 내가 원하는 대로 되기를 기대하는 마음으로 하나님을 섬기는 것은 하나님을 여전히 잘못 이해하고 있는 것입니다.

우리가 하나님을 믿는 것은 영생을 얻기 위해서입니다. 영생은 단지 영원히 사는 것만을 의미하지 않습니다. 하나님이 주시는 영생은 우리를 사랑하시는 그분과 영원히 교제하며 사는 것입니다. 그분과 사랑을 나누며 살아가는 것이 곧 모든 것을 이기는 힘과 능력이고, 어려운 가운데서도 감사하며 기뻐할 수 있는 길입니다.

그의 생각 셀 수 없고

하나님은 세상을 만드신 창조주이시고, 역사의 주관자이시며, 우리를 사랑하셔서 죽음도 아까워하지 않으신 분입니다. 그런데 그 하나님이 나의 아버지이십니다. 하나님이 나의 아버지 되신다는 것이 의미하는 것은 무엇입니까?

예전에 아들이 적어 놓은 글을 본 적이 있습니다. 힘들 때 자신과 함께 있어 준 아빠 자체가 복이었다는 고백이었습니다. 그 글을 읽으며 힘들어하는 아들을 바라보았을 때의 아픈 마음이 떠올랐습니다. 그리고 내 아버지 되시는 하나님을 생각했습니다. 저는 아들에 대한 사랑은 있지만 능력은 없습니다. 아들의 모든 것을 책임져 주고 싶지만 아들의 모든 것을 알지 못합니다. 하지만 하나님은 나를 지극히 사랑하시고, 나의 모든 것을 아실 뿐더러 모든 것을 하실 수 있는 분입니다. 그 사실이 저에게 말할 수 없는 감동이 되었습니다. 내가 힘들어할 때 나보다 더 나를 걱정하고 한결같이 나와 함께하시는 하나님 아버지가 계시다는 사실보다 더 큰 복은 없습니다.

그런데 우리는 종종 그 복을 잊습니다. 내 욕심대로 되지 않고, 내가 의도한 대로 일이 진행되지 않을 때 우리는 하나님을 의심하고 원망합니다. 사탄은 그틈을 놓치지 않고 그런 우리의 생각을 표적으로 삼아 우리가 가장 좋은 것을 버리고 덜 좋은 것, 썩어 없어질 것에 마음을 기대게 합니다. 하지만 우리는 이미 그 무엇으로도 결코 대체될 수 없는 가장 좋은 것을 가진 사람들입니다.

우리가 처한 상황과 상관없이 반드시 붙들어야 할 것은, 능력의 하나님은 내가 나를 생각하는 것보다 나를 더 생각하신다는 사실입니다.

> 여호와 나의 하나님이여 주께서 행하신 기적이 많고 우리를 향하신 주의 생각도 많아 누구도 주와 견줄 수가 없나이다 내가 널리 알려 말하고자 하나 너무 많아 그 수를 셀 수도 없나이다 (시편 40:5)

모든 것을 하실 수 있는 만왕의 왕이, 나를 살리기 위해서 독생자를 내어 주신 하나님이 나를 생각하십니다. 질책과 판단의 냉정함이 아닌 사랑과 긍휼의 따뜻함으로 나를 바라보시고 지키시고 인도하십니다. 그 하나님을 생각할 때 우리는 담대하게 살아갈 수 있습니다. 우리에게 용기와 자신감을 주는 것은 결국 오직 하나님입니다.

자유를 누리는 자

하나님을 믿음으로써 우리가 받은 복 중 하나는 자유입니다. 자유를 누리며 살아가고 있습니까?

진리를 알지니 진리가 너희를 자유롭게 하리라 (요한복음 8:32)

대한민국에 사는 우리에게는 다른 사람의 제재나 강제가 아닌 내 의지와 뜻대로 살 수 있는 자유가 있습니다. 그런 점에서 우리는 '자유인'입니다. 예수님이 자유에 대해 말씀하실 때, 이스라엘 백성들도 위와 같은 관점에서 자유를 이해했습니다. 그래서 자신들은 누구의 종이 된 적이 없다고 대답했습니다.

그러나 하나님이 그의 자녀에게 주시는 자유는, 체제나 구조적 차원에서 머무는 것이 아닙니다. 그것은 보다 근원적이고 궁극적인 자유입니다. 하나님의 관점에서 보면, 많은 그리스도인이 진정한 자유를 만끽하며 살고 있지는 않습니다. 표면적으로는 자유로우나 실상은 억압된 인생을 살아가고 있습니다. 하나님이 주시는 참 자유를 내 것으로 받지 못했기 때문입니다.

이 땅에서 노예의 신분으로 살아가는 것만이 자유를 상실한 것이 아닙니다. 죄가 시키는 대로 생각하고 행동하는 것이 곧 죄의 종으로 살아가는 것입니다. 세상의 가치관에 의해 살아가는 것이 돈과 명예와 사람이 평가하는 종으로 살아가는 것입니다.

많은 그리스도인이 예수님을 믿고 있지만 죄로부터 자유하지 못한 삶을 살아갑니다. 믿음 생활을 하지만 여전히 죄책감과 두려움 속에서 살아갑니다. 때로는 죽음 앞에서 믿지 않는 사람보다 더 두려워합니다. 하나님 뜻대로 살지 못한 인생을 생각하며 구원받지 못했을까봐 두려운 것입니다. 그러나 우리는 행위로 구원을 받은 것이 아닙니다. 하나님의 은혜로 구원을 받았습니다.

우리가 진심으로 죄를 고백할 때, 하나님은 우리의 죄를 용서해 주십니다.

> 내가 그들의 불의를 긍휼히 여기고 그들의 죄를 다시 기억하지 아니하리라 하셨
> 느니라 (히브리서 8:12)

이미 회개했다면, 하나님도 기억하지 못하시는 우리의 죄를 다시 끄집어내지 마십시오. 더 이상 죄로 인한 벌과 심판을 두려워하지 마십시오. 죄책감으로부터 자유를 누리십시오.

또한 많은 그리스도인이 세상의 가치에 집착하여 불안과 염려 속에 살아갑니다. 돈 버는 일에 집착하고, 자녀가 좋은 학교에 가고 좋은 배우자를 만나는 것에 집착하고, 자신의 체면에 집착합니다. 집착은 생각을 편협하게 하고, 서운한 감정을 싹틔우며, 때로는 분노를, 때로는 낙심과 절망을 안겨 줍니다. 하지만 하나님의 자녀는 진리이신 예수 그리스도 안에서 모든 것을 할 수 있는 자유를 얻었습니다. 모든 것을 할 수 있다는 말은 세상 가치관의 영향을 받지 않는 자유인이 되었다는 의미입니다.

더 좋은 것과 좋은 것이 있을 때 더 좋은 것을 버리는 사람은 없습니다. 우리는 '하나님의 자녀'라는 가장 좋은 것을 받은 사람들입니다. 우리가 받은 가장 좋은 것을 놓치지 않기로 결심한다면 해결된 죄의 문제로 괴로워하지 않을 수 있고, 세상의 가치관을 버릴 수 있습니다. 우리를 모든 죄와 억압과 두려움과 염려로부터 자유롭게 하시는 분은 오직 하나님뿐입니다.

사람은 없다

괴롭고 답답한 인생을 살아가는 우리를 진심으로 도와주고 끝까지 책임질 사람은 없습니다. 우리의 약점과 실패까지 용납하며 사랑해 줄 사람은 없습니다. 오직 하나님만이 그 일을 하십니다. 찬양 가사에도 나와 있지 않습니까?

온 세상 날 버려도 주 예수 안 버려 끝까지 나를 돌아보시니

하나님만이 영원한 나의 힘이 되시고 나의 능력이 되시고 나의 친구가 되십니다. 내가 아프고, 힘들고, 약하고, 병들고, 고독할수록 더 사랑하십니다. 그래서 하나님만이 우리의 소망입니다. 시편 기자는 이렇게 고백합니다.

내가 지존하신 하나님께 부르짖음이여 곧 나를 위하여 모든 것을 이루시는 하나님께로다 (시편 57:2)

하나님은 우리를 위해 모든 것을 이루시는 분입니다. 모든 것을 이루시는 분 외에 우리에게 더 필요한 것이 있습니까? 그러니 우리는 오직 하나님만을 믿고 따르는 그리스도인이 되어야 합니다. 하나님을 알고 하나님의 일을 하며 살아가야 합니다.

때로 우리는 '하나님의 일'을 대단한 것으로 생각하여 부담을 느낍니다. 하지만 '하나님의 일'이란 신학을 한다든지, 오지로 선교를 나간다든지, 교회를 섬기는 직업을 갖는 것만을 의미하지 않습니다.

예수께서 대답하여 이르시되 하나님께서 보내신 이를 믿는 것이 하나님의 일이니라 하시니 (요한복음 6:29)

예수님이 나의 구주되심을 믿는 것이 곧 하나님의 일입니다. 일상의 삶에서 매일 해야 하고 할 수 있는 일입니다. 내가 살아가는 모든 날의 주인이 하나님이심을 믿습니까? 나를 향한 하나님의 사랑이 나의 능력됨을 믿습니까? 지금은 비록 힘들어도 모든 것이 합력하여 선을 이루어주시는 하나님의 사랑을 믿는 것 그것이 바로 하나님의 일입니다.

오직 하나님뿐임을 기억하며 내일에 대한 거룩한 기대감을 가지고 살아가십시오. 하나님의 말씀에 순종하고, 하나님의 일을 하며 살아갈 때 하나님은 우리를 통해 우리가 생각하는 것보다 더 놀랍고 멋진 일을 보이실 것입니다.

우리를 사랑하시는 하나님을 믿고 나의 전 인생을 걸고 사랑하는 것, 그것이 우리 인생에서 해야 할 가장 중요한 일입니다. 하나님의 말씀을 기억하며, 오직 하나님께 모든 것을 건 인생을 시작하십시오.

기록된 바 하나님이 자기를 사랑하는 자들을 위하여 예비하신 모든 것은 귀로도 듣지 못하고 눈으로도 보지 못하고 또 마음으로도 생각하지 못하였다 함과 같으니라 (고린도전서 2:9)

미래를 꿈꾸는 나에게

1. 나에게 하나님은 어떤 존재입니까?

2. 하나님 안에서 참 자유를 누리며 살아가고 있습니까? 그렇지 않다면 나의 어떤 부분이 자유롭지 못하다고 느낍니까?

3. 나를 통해 이루실 하나님의 일을 기대하며 내일을 소망하는 삶을 살기로 다짐합시다.

나를 살리기 위해서 독생자를 내어 주신 하나님이 나를 생각하십니다. 질책과 판단의 냉정함이 아닌 사랑과 긍휼의 따뜻함으로 나를 바라보시고 지키시고 인도하십니다. 그 하나님을 생각할 때 우리는 담대하게 살아갈 수 있습니다.

미래, 다시 꿈꾸다

초판 1쇄 발행 2016년 6월 13일
4쇄 발행 2018년 8월 20일

지은이 안희묵
발행인 이영훈
주 간 김호성
편집인 김형근
편집장 박인순
기획·편집 홍지애, 최윤선
표지디자인 백경찬, 김미나
내지디자인 김한희

펴낸곳 교회성장연구소
등 록 제 12-177호
주 소 서울특별시 영등포구 여의공원로 101 CCMM빌딩 7층 703B호
전 화 02-2036-7928(편집팀)
팩 스 02-2036-7910
쇼핑몰 www.pastormall.net
홈페이지 www.pastor21.net
페이스북 www.facebook.com/pastor21

ISBN | 978-89-8304-251-6 03230

"무슨 일을 하든지 마음을 다하여 주께 하듯 하라." (골 3:23)

교회성장연구소는 한국의 모든 교회가 건강한 교회성장을 이루어 하나님 나라에 영광을 돌리는 일꾼으로 성장하는 것을 목표로, 목회자의 사역과 성도들의 영적 성장을 도울 수 있는 필독서들을 출간하고 있다. 주를 섬기는 사명감을 바탕으로 모든 사역의 시작과 끝을 기도로 임하며 사람 중심이 아닌 하나님 중심으로 경영한다. "무슨 일을 하든지 마음을 다하여 주께 하듯 하라."는 말씀을 늘 마음에 새겨 하나님께서 주신 사명을 기쁨으로 감당하고 있다.